Kanadas Westen
Vancouver · Calgary
Rocky Mountains · Yukon

Siebo Heinken (Text) · Thomas P. Widmann (Fotos)

EINSTIEG Land der Extreme – einsam, quirlig, gewaltig

Die vielerorts noch unverfälschte Natur und die Weite des Landes bilden den Reiz von Kanadas Westen. Wer mit dem Auto unterwegs ist, wird immer wieder auf kleine Fähren treffen. Während die Landstädtchen für europäische Verhältnisse eher langweilig sind, bietet die Metropole Vancouver (kleines Foto) ein ausgesprochen vielfältiges Leben.

Am Icefields Parkway: das Columbia Icefield

Der Moraine Lake im Valley of The Ten Peaks

Im MacMillan Provincial Park

Sägemühle in Prince George

Kanadas Westen ist geografisch besonders vielseitig. Nördlich des 49. Breitengrades, der die Grenze zu den USA bildet, erstrecken sich zerklüftete Küstenlandschaften, die endlose Prärie und Bergregionen mit mächtigen Gletschern und Seen.
Doch auch hier ist die Natur längst nicht mehr intakt. Besonders die weltweite Nachfrage nach Papier fordert ihren Tribut. Holzfäller fressen sich mit ihren Sägen immer weiter in den Urwald, Zellstofffabriken verpesten die Gewässer.
Ohne lange suchen zu müssen, finden »Outdoor«-Freunde aber noch hervorragende Bedingungen für tagelange Wanderungen und Kanutouren. Die meisten Straßen sind zudem gut ausgebaut, und Kanadier fahren in der Regel defensiv und rücksichtsvoll.

Einsame Strände: der Pacific Rim National Park

Wahrzeichen Albertas: Getreidespeicher in Hussar

Kilometer um Kilometer rinnt vorbei, hügelauf und hügelab. Nur gelegentlich beschreibt die Straße eine sanfte Biegung. Bäume flitzen vorüber, als seien ihnen Beine gewachsen, Bäume, so weit das Auge reicht: Fichten, Tannen, Zedern. Hin und wieder säumen einzelne Häuser den Highway im Norden von British Columbia – einfache Gebäude aus Holz, in deren Gärten Autos verrosten, die Sammlerherzen höher schlagen ließen. Siedlungen bestehen aus kaum mehr als einer Tankstelle, einem Motel, Restaurant und Kramladen und einigen verstreut liegenden Wohnhäusern. Es fällt schwer, diese räumlichen Dimensionen zu begreifen, Kanada überfordert die Sinne der an Enge gewöhnten Mitteleuropäer. Nur ein schmaler Streifen im Süden des größten Landes der Erde verdient das Wort Besiedlung; dahinter dünnen sich Ortschaften rasch aus und machen Platz für eine unendliche Weite.

Mit britischer Geduld an der Haltestelle

30 Grad, die Sonne brennt ohne Erbarmen vom strahlend blauen Himmel. Auf zum Strand, doch der Bus hat Verspätung. Britisch-geduldig warten die Menschen an der Haltestelle – und reden von der bevorstehenden Regenzeit. Nicht etwa vom Monsun in Malaysia, sondern vom Winter in Vancouver.

Wer die Dimension Westkanadas erlebt hat, wird sich kaum darüber wundern, wie sensibel die Menschen sogar in Großstädten auf das Wetter reagieren. Schließlich sind besonders die weit abgelegenen Regionen stark von den Unbilden des Klimas betroffen – weshalb es auch nicht erstaunt, wenn im Radio alle halbe Stunde vor einem bevorstehenden »Sturm« gewarnt wird, der für europäisches Empfinden höchstens als etwas heftigere Luftbewegung durchginge.

Den meisten Reisenden bleibt verborgen, daß der Westen Kanadas eine Region der klimatischen Extreme ist. Während die Küstenregion mit relativ trockenen und warmen Sommern und viel Regen im milden Winter aufwartet, reicht die Temperaturspanne im trockenen Binnenland bereits von minus 15 bis weit über 30 Grad. Ähnlich heiß wird es im Juli und August im Yukon Territory hoch im Norden, wo man sich im Winter aber besser warm anziehen sollte: Im Januar und Februar fällt das Thermometer dort nicht selten unter minus 35 Grad. Ohne Daunenschlafsack und Rettungsgerät startet dann kein Autofahrer zu einer längeren Fahrt – sofern der elektrisch vorgeheizte Wagen überhaupt anspringt.

Kanada bietet auch geografische Extreme. Das Land zwischen Pazifik und Atlantik ist so groß wie Europa vom Ural bis zum Atlantik; in die westlichste Provinz British Columbia, kurz B. C. genannt, paßt die alte Bundesrepublik gleich viermal hinein, doch leben dort nur drei Millionen Menschen, knapp zwei Drittel von ihnen in den Großräumen von Vancouver und Victoria. Der Yukon mit der doppelten Fläche der alten Bundesrepublik beherbergt sogar nur knapp 30 000 Menschen, von denen zwei Drittel in der Hauptstadt Whitehorse wohnen. Auch in Alberta drängen sich die meisten Bewohner in und um die Metropolen Calgary und Edmonton, während das weitere Land fast menschenleer ist.

Am Castle Mountain in den Rockies

Grizzlys und Seeadler: Paradies für Naturfreunde

Ein Beispiel verdeutlicht die Ausmaße des Landes: Wer von Vancouver nach Whitehorse im Yukon Territory fährt, bewältigt dabei knapp 2500 Kilometer – so viel wie vom Nordkap nach Frankfurt oder von Frankfurt bis Athen oder weit nach Marokko hinein. Distanzen haben im Westen Kanadas aber eine geringere Bedeutung als in Europa, sie werden eher in Kauf genommen.

Trotz der geringen Bevölkerungsdichte sind die meisten größeren Orte mit öffentlichen Verkehrsmitteln, vor allem mit Bussen, zu erreichen, Pausen zu unmöglichen Zeiten in plastikbestuhlten

Die Takakkaw Falls im Yoho National Park

Imbiß-Restaurants inbegriffen. Wer das Land für sich erschließen möchte, ist jedoch auf ein Auto angewiesen. Immer wieder sollte man die Fahrt aber für einige Stunden oder Tage unterbrechen, um zu Fuß oder mit dem Kanu die vielfach noch unverfälschte Natur zu erleben. Eine Serie von Nationalparks unter bundesstaatlicher Verwaltung und von einigen Dutzend landeseigenen Provinzparks bietet dazu die beste Gelegenheit, zumal viele von ihnen auch mit Campingplätzen ausgestattet sind.

Wer als Europäer durch B.C., den Yukon und das westliche Alberta fährt, wird überwältigt sein von den riesigen Wäldern. In ihnen ist eine Vielzahl von Tieren zu Hause. Allein in British Columbia haben Biologen weit über 100 verschiedene Säugetiere gezählt, darunter ein Viertel des Weltbestandes an Grizzlybären und zwei Drittel der Bergziegen. Im Westen Kanadas lebt jeder zweite Trompeterschwan und jeder vierte Weißkopf-Seeadler, vor allem auf den Queen Charlotte Islands, wo die Tiere manchmal im halben Dutzend auf den Bäumen hocken. Naturfreunde zieht es scharenweise an die Küsten von Vancouver Island, wo Delphine, Buckel- und Grauwale sowie Orcas, im Volksmund auch als Mörderwale bezeichnete Meeressäuger, beobachtet werden können.

Uralte Wälder fallen den Motorsägen zum Opfer

Millionen von Lachsen kämpfen sich in jedem Jahr die Flüsse hinauf zu ihren Laichgebieten. Bei ihrer Wanderung in das Binnenland durchqueren die Fische zwei Gebirgszüge, die den 800 Kilometer von der Küste entfernt liegenden Rocky Mountains vorgelagert sind: die Cassiar- und Columbia-Berge im Zentrum von B.C. sowie das steile Küstengebirge, das die regennassen Wolken des Pazifiks aufhält. Die »Hauptroute« der Lachse führt den Fraser River hinauf, der südlich von Vancouver in den Pazifik mündet.

Dieser Fluß ist die Lebensader von British Columbia und ein Beispiel dafür, daß die Natur auch in Westkanada längst nicht mehr intakt ist. Die Verschwendung von Ressourcen und der sorglose Umgang mit Abfall zählen zu den Ursachen der Umweltzerstörung,

Grüne Wohngebiete umgeben die Innenstadt von Calgary

Trapper und Händler der Hudson's Bay Company legten den Grundstein für viele Städte, Goldsucher trieben die Erschließung des Westens voran. Ein großer Teil der Bevölkerung lebt heute in den Metropolen Vancouver, Victoria, Calgary und Edmonton. In ihrem Aufbau ähneln sie anderen nordamerikanischen Großstädten, systematisch angelegte Vorstädte umgeben die von modernen Hochhäusern bestimmten Geschäftszentren. Besonders Vancouver und Victoria haben aber ein wenig europäisches Flair bewahrt. Ihre Geschichte pflegen viele Städte und Regionen in Museumsdörfern, die dem Original bis aufs Detail nachempfunden sind. Besuchern aus Europa geben sie einen guten Einblick in die Zeit des »Wilden Westens«.

Art Deco: das Marine Building in Vancouver

Einkaufsstraße: Vancouvers Robson Street

vor allem aber die Holzindustrie, einer der wichtigsten Wirtschaftszweige von British Columbia. Kanada liefert jede zehnte der jährlich über 120 Millionen Tonnen weltweit produzierten Zellstoffs, Gebiete von der mehrfachen Größe europäischer Staaten sind in B. C. und Alberta für den Abbau freigegeben. Die Motorsägen der Holzfäller fressen sich immer weiter in die Landschaft und hinterlassen riesige Wunden. Zellstoffabriken verpesten die Luft und vergiften das Wasser des Fraser und anderer Flüsse mit Chemikalien, auch mit Ultragiften aus der Dioxin-Klasse. In jedem Jahr fällt ein Gebiet von der Größe des Saarlands dem unbändigen Hunger der Industriegesellschaft nach Holzprodukten zum Opfer, einzelne Kahlschläge haben Gebiete von 500 Quadratkilometern in eine ökologische Wüste verwandelt. Nur wenige Jahre wird es nach Expertenmeinung noch dauern, bis der Bestand an über 100 Jahre alten Bäumen in der Umgebung der Holzfäller-»Hauptstadt« Prince George abgeholzt sein wird (s. Kap. 6).

Lebendige Geschichte im Fort Edmonton

Passagierschiff am Canada Place

Weihnachten in Kitsilano, Vancouver

Sympathische Kleinstadt: Nelson

Einwanderer aus Asien und Europa prägen das Land

Große Holzbestände wurden bereits bei der Erschließung des Westens vernichtet, vor allem nach dem Bau der Eisenbahn. Ein Denkmal erinnert in dem Örtchen Craigellachie bei Revelstoke an die Stelle, wo am 7. November 1885 der letzte Nagel in den transkanadischen Schienenstrang getrieben wurde.

Die Fertigstellung der Zugverbindung vom Atlantik zum Pazifik brachte den Durchbruch für die endgültige Öffnung des Westens und vor allem der Provinz British Columbia, die 1871 aus den Kronkolonien Vancouver Island und British Columbia entstanden war.
Rund 100 Jahre zuvor hatten die ersten Weißen den Westen Kanadas betreten: Im Jahr 1774 war Juan Perez der erste Europäer, der die Westküste entlangsegelte; das erste Schiff Ihrer britischen Majestät unter dem Kommando von James Cook erreichte die Indianersiedlung Nootka auf Vancouver Island vier Jahre später, bald gefolgt von Kapitän George Vancouver.
Von Osten her drang in den darauffolgenden Jahrzehnten die britische Hudson's Bay Company vor und schaffte mit ihren Stützpunkten die Voraussetzung für Städtegründungen. Den zweiten Besiedlungsschub brachten Goldsucher während des Goldrausches am Fraser River in den fünfziger Jahren des 19. Jahrhunderts und erneut in den Neunzigern, als Tausende an den Klondike bei Dawson City zogen.
1905, nur wenige Jahre später, war Alberta eine der letzten Provinzen, die sich dem 1867 gegründeten kanadischen Bundesstaat anschlossen. Ihm gehören das Yukon Territory und das Northwest Territory als Gebiete mit eingeschränkter politischer Gewalt an.
Diese wenigen Daten werfen ein Schlaglicht auf die junge Geschichte des Einwandererlandes Kanada unter der Regierung von Weißen. Knapp die

Legendär sind Kanadas Mounties

Totempfahl in Vancouvers Museum of Anthropology

Lange Zeit gab es indianische Kultur nur in Museen zu betrachten, doch in den vergangenen Jahren haben die Ureinwohner neues Selbstbewußtsein entwickelt und fordern ihre Rechte ein. Dominiert wird die kanadische Gesellschaft von Nachkommen der europäischen Einwanderer.

Familienausflug

Hälfte der Bevölkerung im Westen ist britischer Abstammung, andere Kanadier haben deutsche, skandinavische, chinesische und neuerdings häufig Hongkong-chinesische Vorfahren. Sie sind ein Indiz für die heute stark pazifische Ausrichtung des kanadischen Westens. Die junge Erscheinung von Rassenkonflikten läßt viele vergessen, daß Chinesen bereits Ende des 19. Jahrhunderts in großem Stil ins Land geholt wurden, um beim Bau der transkontinentalen Eisenbahn zu helfen.

Let's rodeo: Cowboys bei der Calgary Stampede

Den alten Westen an die Wand gepinselt: Gemälde in Chemainos

Im Garibaldi Provincial Park

Gegenseitige Neugier

Allmählich erwacht das indianische Selbstbewußtsein

Bei der Suche nach einer gemeinsamen kanadischen Identität tun sich die ethnischen Gruppen schwer. Das gilt um so mehr für Indianer, die von weißen Einwanderern in ihrem eigenen Land zu Menschen zweiter Klasse gemacht worden sind. Die Siedler beraubten sie ihrer Rechte und straften ihre Lebensart, Kultur und Religion mit Ignoranz. Nur in Museen haben Totempfähle und Langhäuser, Kunsthandwerk und Arbeitsgeräte noch ihren Platz.

Erst langsam erwacht wieder indianisches Selbstbewußtsein. Eine neue Bewegung für Landrechte hat in den vergangenen Jahren zwar neue Gräben zwischen Indianern und Weißen aufgeworfen, den Ureinwohnern bei aufgeklärten Menschen aber auch Sympathien eingebracht. Das kann indes nicht darüber hinwegtäuschen, daß Indianer einen großen Teil der »street people« in den Großstädten und der Arbeitslosen stellen und viele alkoholabhängig sind.

Die meisten Einwanderer nach British Columbia und Alberta haben einen Lebensstil adaptiert, der den Westen Nordamerikas vom Osten unterscheidet: Ihr Lifestyle verbindet Gelassenheit, Lebensfreude sowie die Abneigung, sich allzusehr dem Diktat der Arbeitswelt zu unterwerfen. Dagegen wird der Wert der Freizeit besonders geschätzt. Westkanadier zeigen sich »relaxed« und zudem für viele Mitteleuropäer erstaunlich freundlich. Ihre Offenheit macht den Alltag entspannter, und nach dem ersten Gefühl des Befremdens macht es Spaß, sich dieser Lebensart anzupassen. So ist es durchaus üblich, an der Bushaltestelle oder im Supermarkt mit anderen Menschen rasch in Kontakt zu kommen.

Wo jetzt der Canada Place in den Hafen ragt und in Bürotürmen um Millionen gepokert wird, unterbrachen vor 100 Jahren nur Indianersiedlungen den dichten Urwald. Vancouver entwickelt sich zunehmend zur Wirtschaftsmetropole, doch das tut dem Freizeitwert keinen Abbruch. Ein beliebter Treffpunkt ist Granville Island (kleines Foto).

VANCOUVER Boomtown im Westen: Kanadas Tor zum Pazifik

Seeleute geraten ins Schwärmen, wenn sie von der Einfahrt nach Vancouver erzählen: Zur Rechten ragen auf dem Hügel von Point Grey die Gebäude der University of British Columbia aus dem parkartigen Campus heraus, dahinter säumen die einstöckigen Wohnhäuser von Kitsilano die von Treibholz-Baumstämmen bedeckten Strände. Auf der linken Seite bilden kapitale Küstenberge die Kulisse, wie Waben kleben die Villen von West-Vancouver vor ihnen an der Felsküste. Im November ist der Grouse Mountain bereits an manchen Tagen von frischem Schnee gepudert, und im April erst schließen die letzten Skipisten auf Vancouvers Hausberg.
In der Ferne scheinen sich neben dem Stanley Park die Hochhäuser der Innenstadt direkt aus dem Meer zu erheben. Dutzende weißer Segelboote kreuzen bei schönem Wetter zwischen den auf Reede liegenden Frachtern, die im Burrard Inlet auf ihre Abfertigung im größten Hafen an der nordamerikanischen Westküste warten.
Seiner einmaligen Lage verdankt Vancouver den berechtigten Ruf, eine der schönsten Städte überhaupt zu sein, eine Metropole mit großem Freizeitwert und dem entspannten Lebensstil der Westküste. Durch das milde Klima können die Vancouverites auch im Winter vormittags Ski laufen und nachmittags auf der English Bay segeln; an warmen Tagen drängen sich die Menschen an dem halben Dutzend Strände oder radeln auf Mountain-Bikes durch den Stanley Park, oder sie treffen sich zum Kaffee auf dem Granville Island Market, einem ehemaligen Industriegebiet unterhalb der Granville Street Bridge. Wen wundert's, daß viele Menschen in Vancouver fast stets ein Lächeln auf dem Gesicht tragen.

Indianer und Urwald – zu wenig für Kapitän Vancouver

Als Kapitän George Vancouver im Jahr 1792 in das Burrard Inlet segelte, unterbrachen nur kleine Dörfer der Coast Salish-Indianer den dichten Urwald von mächtigen Douglasien und anderen Nadelbäumen. George Vancouver, der wie viele andere Eroberer auf der Suche nach der Nordwest-Passage war, entwickelte jedoch nur wenig Interesse für das unwirtliche Land und brach nach wenigen Tagen wieder auf. Auch Simon Fraser von der Northwest Company hielt sich 16 Jahre später nur kurz im Mündungsgebiet des Fraser auf. Die Geschichte der weißen Besiedlung in dem damals von kulturell hochentwickelten Indianern bewohnten Küstengebiet begann erst 1827 mit der Hudson's Bay Company, die, vom Binnenland kommend, 30 Kilometer hinter der Küste das Fort Langley errichtete.

Gassy Jack – ein Kneipier brachte es zu Ansehen

Als der Goldrausch am Oberlauf des Fraser in den fünfziger Jahren des 19. Jahrhunderts über 25 000 Menschen überwiegend aus dem damals fernen Kalifornien anlockte, erklärte die Regierung in England den Westen Kanadas rasch zur Colony of British Columbia und die Siedlung New Westminster zu deren Hauptstadt.
Wenige Jahre später siedelten die ersten Bauern am nördlichen Ufer des Fraser Deltas. Abenteurer begannen, über 100 Meter hohe Bäume am Burrard Inlet zu schlagen und schufen damit die Grundlage für eine bald florierende Holzindustrie.
Zu Wohlstand brachte es damals in ihrem Camp ein gewisser John Deighton aus Yorkshire, der wegen seiner Geschwätzigkeit Gassy Jack genannt wurde. Der frühere Seemann eröffnete, viele Kilometer Fußmarsch von der nächsten Kneipe in New Westminster ent-

Mittagspause auf dem Robson Square

Hotel Vancouver und Cathedral Place

Fetzig: Live-Musik im Madison's

An der North Shore grenzen Hochhäuser direkt ans Wasser

Einst Gerichtsgebäude: die Kunsthalle

Art Deco-Eingang des Marine Building

Fahrradkurier – schneller als die Autos

Vancouver boomt. In allen Ecken der an drei Seiten durch Wasser begrenzten Downtown stellen moderne Hochhäuser die alten Art Deco-Gebäude in den Schatten. Kritikern kommen die Architekten ein wenig entgegen, indem sie bei einigen neuen Häusern alte Stilelemente aufnehmen. Bestes Beispiel ist der 1991 fertiggestellte Cathedral Place gleich neben dem Hotel Vancouver.

Chinatown: exotische Früchte . . .

. . . und chinesische Spezialitäten

Die Steam Clock wird mit Dampf betrieben

Einen Blick in die Gründungszeit der Stadt gewährt Gastown, nur wenige Schritte unterhalb der Wolkenkratzer. Noch ein Stückchen weiter durch die Downtown East Side liegt die Chinatown, eine Stadt in der Stadt. Das zweitgrößte chinesische Viertel Nordamerikas hat seinen eigenen Rhythmus und eigene Gebräuche. Wo sonst werden zerstoßene Hörner und getrocknete Seepferdchen angeboten?

Frischer Fisch für die chinesische Küche

Wie ein Bügeleisen: das Europe Hotel

fernt, einen Saloon und wurde dadurch so beliebt, daß die Holzfäller ihre damalige Siedlung Granville scherzhaft nach ihm benannten: Gastown. Der Name blieb erhalten – der älteste Stadtteil Vancouvers heißt so.
1871 trat British Columbia der kanadischen Konföderation bei, und die Hauptstadt wurde nach Victoria auf Vancouver Island verlegt, damals die Metropole des Westens. Die Stadt Vancouver wurde am 13. Juni 1886 gegründet; ihren Namen bestimmte William Cornelius van Horne, der Präsident der Canadian Pacific Railway. Widerspruch gab es nicht, denn schließlich gehörte das meiste Land am Burrard Inlet inzwischen der Eisenbahngesellschaft, die Vancouver als westlichen Bahnhof der transkanadischen Zugstrecke auserkoren hatte und dort investieren wollte.
Um die Jahrhundertwende wurde der Grundstein für die Entwicklung weiterer Stadtviertel gelegt: Firmen verlegten ihren Sitz in das Gebiet der heutigen Innenstadt, Gutsituierte zogen ins West End am Stanley Park, in dessen edlen Wohnhäusern heute die höchsten Mieten der Stadt zu zahlen sind. Für die Reichen aber rodete die Canadian Pacific Railway die Hügel um die heutige Granville Street/King Edward Avenue, wo noch die schönsten Anwesen der Stadt liegen, umgeben von englischem Rasen und hohen Zedern: Kerrisdale.

Das Dominion Building war einst größtes Bürogebäude des British Empire

Vor der Science World-Kugel starten die Hubschrauber

Am Kits-Beach stellen die Schönen ihre Körper zur Schau

Kitsilano an der English Bay wurde zu Beginn des Jahrhunderts als Arbeiterviertel gebaut, bis Studenten und junge Akademiker den reizvoll gelegenen Stadtteil in den sechziger und siebziger Jahren für sich entdeckten. Ihnen folgten ab Ende der Achtziger aufstrebende Yuppies, deren Bedürfnisse das Viertel gründlich umkrempelten. Komfortable Doppelhäuser, in denen astronomische Mieten zu zahlen sind, verdrängen seitdem die alten, idyllischen Einfamilienhäuser aus Holz. An sonnigen Tagen fahren in Kits die jungen Wohlhabenden in offenen Sportwagen spazieren, joggen Sportliche in hautengen, knallbunten Plastikanzügen entlang den Stränden, und stellen Schöne ihre studio-gestylten Körper zur Schau. Doch noch leben in Kitsilano auch Studenten der University of British Columbia (UBC), die in den zwanziger Jahren an der Spitze der Halbinsel Point Grey erbaut wurde; sie ist mit 30 000 Studenten die größte Universität der Provinz.

Ethnische Gruppen leben meist in ihren Enklaven

Es fällt nicht schwer, sich in Vancouver zu orientieren, dessen politisch eigenständige Vororte sich viele Kilometer nach Osten und Süden erstrecken. Wie die meisten nordamerikanischen Städte ist die Metropole Westkanadas von einem Netz aus rechtwinkligen Straßen überzogen, die, mit Ausnahme der auf einer Halbinsel liegenden Innenstadt, in nord-südlicher Richtung einfach durchnumeriert sind. Die kleine Quebec Street teilt Vancouver nicht nur ordnungsnumerisch in einen westlichen und einen östlichen Teil, sondern sie ist auch die Trennlinie zwischen sehr unterschiedlichen Stadtbildern und sozialen Gefügen. Im Westen wohnt die wohlhabende Mittelschicht, für die der Osten lange Zeit als Hort von Armut und Kriminalität verrufen war – meist zu Unrecht.

Das haben auch junge Akademiker und Studenten erkannt, seit sie durch hohe Mieten aus Kitsilano und dessen angrenzenden Stadtteilen vertrieben werden. Sie siedeln sich jetzt zunehmend im Osten an, vor allem um den Commercial Drive, wo seit Jahrzehnten die italienisch-kanadische Bevölkerung zu Hause ist.

Mit rund 40 000 Mitgliedern stellen die Italiener einen ebensogroßen Anteil an der Bevölkerung der multikulturellen Eineinhalb-Millionen-Stadt wie Inder und Deutsche. Die meisten ethnischen Gruppen leben in ihren kleinen Enklaven: die Inder vorwiegend an der Main Street, die Griechen am West Broadway. Das größte zusammenhängende ethnische Wohngebiet aber ist Chinatown, nach San Francisco das größte chinesische Viertel Nordamerikas.

Chinatown: glasierte Enten und getrocknete Echsen

Südlich der Hastings Street in der Downtown East Side gelegen, ist Chinatown eine scharf abgegrenzte Stadt in der Stadt, ein Versorgungszentrum für die weit über 100 000 Chinesen Vancouvers, deren Vorfahren zum Bau der transkanadischen Eisenbahn ins Land kamen. Chinesisch sprechende Verkäufer bieten in Lädchen mit chinesischen Schriftzeichen Nudeln und Ingwer an, getrocknete Echsen und Schlangen, glasierte Enten und Hühnerfüße. In den Apotheken erörtern Gebrechliche den Grund ihres Unwohlseins mit Kräuterspezialisten, die Rezepturen aus Wurzeln, Ginseng, zerstoßenen Geweihstangen und anderen fremden Zutaten auf Schalenwaagen zusammenstellen. Marktschreier bieten Obst und Gemüse feil, das sich in keinem der sonst hervorragend sortierten Supermärkte der Stadt findet.

In den sechziger Jahren stand die Existenz von Chinatown auf der Kippe, als

Unterhalb der Burrard Bridge: Fischer- und Sportboote

Beluga-Show im Aquarium

Asiatisches Hochzeitspaar im Queen Elizabeth Park

Beim Cricket pflegen Kanadier die britische Tradition

ein Firmen-Konsortium eine Autobahn quer durch die östliche Innenstadt bauen lassen wollte. Engagierte Bürgerproteste verhinderten das Projekt und sorgten auch für eine Auffrischung des heruntergekommenen Gastown. Dessen historische Architektur, Boutiquen, Kunsthandwerksläden und Kneipen werden seitdem von keinem Besucher der Stadt ausgelassen.

Expo '86 – tiefe Einschnitte in das soziale Gefüge

Die Bebauung des Expo-Geländes am False Creek südlich der City, auf dem Vancouver 1986 die Weltausstellung ausrichtete, wird auch die vergleichsweise arme östliche Innenstadt nach-

Im Sommer wird Granville Island zur Bühne

haltig verändern, befürchten dessen Bewohner und kritische Stadtplaner. Schon vor der Expo hatten viele Besitzer billiger Hotels ihre mittellosen Dauerbewohner auf die Straße gesetzt, um Raum für besser zahlende Touristen zu schaffen. Für manche dieser geschäftstüchtigen Hoteliers, die gleichzeitig einen Pub betrieben, bedeutete dieser Schritt allerdings das rasche Aus: Die mitgliederstarke Hafenarbeiter-Ge-

Stets für einen Spaß zu haben: Szene auf Granville Island

Paradies für Obstfreunde: Granville Island Market

Am frühen Morgen kreuzen Segelboote bereits zwischen den in der English Bay auf Reede liegenden Frachtern, schlürfen Junge und Alte im Granville Island Market ihren Cappuccino, joggen Buntbekleidete die Strände entlang. Bei schönem Wetter scheint es, als sei halb Vancouver auf den Beinen.
In der Tat sind die Vancouverites sehr freizeitorientiert und nutzen die vielfältigen Angebote – am Wochenende und in ihrem knapp bemessenen Jahresurlaub von zwei oder drei Wochen. Bei der Lage der Stadt fällt das nicht schwer: Wenige Kilometer entfernt beginnen bereits die Wanderwege, und gleich oberhalb von North Vancouver liegen zwei Skigebiete.

Kitsilano besitzt den Charme einer Landstadt

Unterwegs an der English Bay

Kilometerweit erstrecken sich die Wohngebiete südlich des False Creek: das proletarische Marpole, das wohlhabende Kerrisdale und natürlich Kitsilano direkt an der Bucht. Seit Gutverdienende diesen Stadtteil zur »In«-Gegend erklärten, müssen viele der gemütlichen Einfamilienhäuser modernen Doppelhäusern weichen. An der Spitze von Point Grey liegt die University of British Columbia, in deren Anthropologie-Museum indianische Kunst und Kultur zu sehen sind.

Blick auf die Innenstadt: Kitsilano Beach

»The Raven and the First Man«

Tanz der Gitskan im Anthropologie-Museum

werkschaft boykottierte die Kneipen und trieb deren Besitzer binnen Monaten in den Ruin.
Das Stadtbild Vancouvers wird sich in jedem Fall weiter verändern, wenn eine Gesellschaft aus Hongkong in den neunziger Jahren auf dem Expo-Gelände Bürotürme und Luxuswohnungen hochzieht. Schon jetzt schießen in Kanadas wirtschaftlichem »Tor zum Pazifik« neue Hochhäuser wie Pilze aus dem Boden. Rasende Kuriere auf Mountain-Bikes verbinden die Agenturen, Verwaltungen und Sozietäten, flitzen wie Ameisen durch den Verkehr, gern auch gegen die Fahrtrichtung der vielen Einbahnstraßen: Der Boom bringt Jobs, doch er hat auch sein eigenes Tempo.
Aus Hongkong nach Kanada abwanderndes Kapital spielt bei dieser Umgestaltung Vancouvers mit, auch bei den Veränderungen in den beliebten Wohnvierteln zwischen Kitsilano und der UBC sowie in North und West Vancouver. Berichte, nach denen Chinesen aus Hongkong Häuser gleich im halben Dutzend für cash erstehen, mögen überspitzt sein, doch die Immobilienpreise explodieren. Der Unmut eingesessener Bewohner gegen diese Einwanderung von Geld aus der asiatischen Metropole ist nicht zu überhören.

Spaß mit Riesendrachen in Kitsilano

Hausteile und Figur der Kwakiutl

Auch die Wandlung des Stadtbildes in Downtown findet nicht nur Freunde, wie das Beispiel des Medical Building an der Georgia Street zeigt: Bürger protestierten Ende der achtziger Jahre vergeblich gegen den Abriß des 1929 gebauten Art Deco-Gebäudes. Doch sie setzten durch, daß sein Nachfolger kein gesichtsloser Glasturm wie der benachbarte schwarze Toronto Dominion Tower werden durfte. In der Tat hat Architekt Paul Marrick in den hochmodernen Cathedral Place erfolgreich Elemente des Art Deco integriert und sogar die Dachform des benachbarten Hotel Vancouver übernommen, des 1939 vollendeten Wahrzeichens der Stadt. Als eines der ersten Hochhäuser Vancouvers erfüllt der Cathedral Place auch die Auflage, public space – öffentlich zugänglichen Erholungsraum – zur Verfügung zu stellen.

Kneipen und Kinos beleben die Innenstadt

Zu den schönsten Art Deco-Gebäuden auf dem nordamerikanischen Kontinent zählt ohne Zweifel das Marine Building an der unteren Burrard Street unweit des schiffsähnlichen Canada Place. Als Pläne für das 19 Stockwerke hohe Bürogebäude in den zwanziger Jahren vorgestellt wurden, erntete Architekt McCarter Nairne nur Spott; schließlich bestand die westliche Innenstadt zu der Zeit nur aus einer Ansammlung von Sommerhäusern, und gegenüber vom geplanten Baugelände lag eine Molkerei. Inzwischen wird das ehrwürdige Marine Building von den meisten umliegenden Hochhäusern überragt.
Der späte Aufbruch Vancouvers zur Wirtschaftsmetropole hat ihr die städtebaulichen Fehler der sechziger und frühen siebziger Jahre erspart. Die Innenstadt ist abends nicht menschenleer, sondern wird durch Kneipen und Kinos

vor allem entlang der Granville, Robson und Denman Street belebt. Taxis von den zweifachen Ausmaßen der allgegenwärtigen japanischen und koreanischen Kleinwagen kutschieren Gäste zu Sushi und Schnitzel, die Cappuccino-Bars sind bis spät in die Nacht gefüllt.

Keine Autobahn zerreißt das städtische Gewebe, ein gut funktionierendes Bussystem und der Skytrain, eine fahrerlose Schnellbahn in die südöstlichen Vorstädte, verhindern das schlimmste Verkehrschaos. Dennoch ist die Innenstadt im Begriff, ihr typisches Gesicht zu verlieren und sich der Einheitlichkeit anderer nordamerikanischer Zentren anzugleichen – inklusive der blassen mittleren Manager, die ihrem Image mit tragbaren Telefonen auf die Sprünge zu helfen versuchen.

Canada Place: ein Kreuzfahrt-Terminal in Schiffsform

Nur wenige Gebäude zeigen charakteristische Merkmale, die sich vom Einerlei sonstiger Hochhäuser abheben: Der Canada Place des deutschstämmigen Eberhard Zeidler, ein Kreuzfahrt-Terminal am Hafen, das durch die aufgesetzte Zeltmembrane in Segelform selbst einem Schiff gleicht und Kanadas Ausstellungshalle während der Expo war. Oder die Law Courts von British Columbia, ein langgestrecktes Gebäude an der Howe Street mit einem Fachwerk aus Stahl und Glas, gebaut von Arthur Erikson.

Der Architekt schuf mit dem Museum of Anthropology auf dem Campus der UBC auch ein maßgeschneidertes Ambiente für die gewaltigen Totempfähle. Ein nächtlicher Besuch des Geländes hinter dem Museum vermittelt den besten Eindruck von deren Mystik. Wie Relikte aus einer anderen Welt ragen die geschnitzten Stämme in den dunklen Himmel, Fledermäuse spielen ihren Part in diesem unwirklichen Schauspiel. In den Dörfern der Provinz sind nur noch wenige antike Totempfähle erhalten, wie in Alert Bay auf Cormorant Island. Die Kunst der Schnitzerei dieser Baumstämme lebt jedoch weiter. Bestes Beispiel ist die wunderschöne Figur »Der Rabe und der erste Mann« von Bill Reid im Museum of Anthropology, die den Kreislauf des Lebens von der Geburt bis zum Tod darstellt.

Horseshoe Bay – Fähranleger zur Sunshine Coast und nach Vancouver Island

Aussicht bis in die USA: Wanderer auf dem Grouse Mountain

Nadelöhr: die Lions Gate Bridge

Wackelig: die Capilano Suspension Bridge

REISE-INFO
VANCOUVER

Karte: Planquadrat F 4.
Metropole an der Pazifikküste. 600 000 Einwohner in der Stadt, 1,6 Millionen im Großraum.

Anreise: Direkte Flugverbindung ab München und Frankfurt mit Canadian Airlines und Lufthansa, ab Amsterdam mit KLM. Flug ab Frankfurt und Berlin über Toronto mit Air Canada. Flüge in alle Teile Kanadas und der USA. Halbstündige Busverbindung zwischen dem Flughafen und der Innenstadt (Hotels und Busbahnhof). Busverbindung mit dem Flughafen Seattle (siehe Allgemeine Reise-Informationen, Anreise).

Greyhound-Fernbusse in den Osten und Norden Kanadas sowie nach Seattle. Busse nach Vancouver Island (Pacific Coach Lines), nach Whistler/Pemberton, Sunshine Coast (Maverick Coach Lines) und entlang dem Fraser Valley bis Harrison (Cascade Coach Line). Busbahnhof in der Innenstadt Ecke Dunsmuir und Hamilton Street, Tel. (6 04) 6 62 - 32 22.

VIA-Rail Züge über Jasper und Edmonton in den Osten Kanadas (Tel. 1-8 00-6 65 - 86 30 gebührenfrei, Bahnhof Ecke Main Street/Station Street). B. C. Railway nach Prince George (Tel. [6 04] 9 84 - 52 46, Bahnhof 1311 W. 1st Street, North Vancouver). Fährverbindungen nach Vancouver Island, s. dort.

Öffentliche Verkehrsmittel: Enges Busnetz innerhalb der Stadt, regelmäßiger Busverkehr ab Georgia Street/Ecke Granville Street nach North und West Vancouver. Ständig verkehrende Fähre (Seabus) vom Anleger an der Water Street nach North Vancouver (Lonsdale Quay). Schnellbahn (Skytrain) von der Innenstadt nach New Westminster.

Fahrpreis für alle Verkehrsmittel innerhalb der Stadt $ 1,25; in den Bussen muß der exakte Betrag in einen Schacht geworfen werden. Vom Fahrer einen »transit« fürs Umsteigen geben lassen, die Fahrkarte gilt 90 Minuten. Tagespässe und Zehnerkarten werden an Kiosken und im 7-eleven-Geschäften verkauft. Information: B. C. Transit, Tel (6 04) 2 61 - 5100.

Unterkunft: Eine Fülle von Angeboten in allen Preislagen (s. Allgemeine Reise-Informationen, Unterkunft, Accomodation Guide). Eine Institution ist das luxuriöse Hotel Vancouver (CP-Hotel), 900 West Georgia Street, Tel. (6 04) 6 84 - 3131. Das efeubewachsene Sylvia Hotel bietet einen herrlichen Blick auf die English Bay (1154 Gilford Street, Tel. [6 04] 6 81 - 93 21, früh buchen!). Schmalere Geldbeutel finden im Barclay Hotel (1348 Robson Street, Tel. [6 04] 6 88 - 88 50) und im einfachen, aber sauberen Kingston Hotel (757 Richards Street, Tel. [6 04] 6 84 - 90 24) eine Unterkunft.

Jugendherberge an der English Bay unweit der University of British Columbia (1515 Discovery Street, Tel. [6 04] 2 24 - 32 08, Bus Nr. 4 ab Granville Street Downtown, entlang der 4th Avenue bis Marine Drive, dann fünf Minuten zu Fuß). Zeltplatz 20 Kilometer nördlich Richtung Squamish (Porteau Cove Provincial Park, keine öffentlichen Verkehrsmittel).

Ausgehen: Vancouver ist reich an verschiedenen ethnischen, vor allem asiatischen Küchen. Chinesisch ißt man am besten in Chinatown, indisch an der Main Street (Höhe Broadway), japanisch an der Robson Street (wie Kamei Sushi, Ecke Thurlow Street), italienisch am Commercial Drive und griechisch am West Broadway, Nähe Alma Street. Mittags ist im Lokal The Only, 3 Hastings Street, kaum ein Platz zu bekommen: Das kleine und etwas schmuddelige Fish 'n' Chips-Restaurant ist eine Institution der Stadt. Gute vegetarische Küche gibt es im Naam, 4th Avenue/McDonald Street in Kitsilano.

Einen herrlichen Blick über Vancouver genießt man vom sich drehenden Restaurant im Harbour Centre (Seymour/Hastings Street).

Live Musik gibt es abends im Alma Street Café (Jazz, Alma Street/Broadway in Kitsilano), im Pub The Blarney Stone (irische und schottische Folklore, Carall Street, Gastown), im Yale Hotel (Rock, Blues, 1300 Granville St.), im Railway Club (Rock, Blues, Jazz, 579 Dunsmuir St., Eintrittsgeld) und in der Town Pump (Rock, Water Street, Gastown). Beliebte Diskotheken sind Graceland (1250 Richards Street) und Madison's (398 Richards Street). The Rose and Thorne (575 Richards Street) ist ein Pub im englischen Stil.

Ein hübsches Theater ist das Arts Club Theatre auf Granville Island, angeschlossen ist eine Kneipe mit Blick auf Yachthafen und Innenstadt.

Informationen über alle Veranstaltungen gibt die kostenlose Wochenzeitung The Georgia Strait, die überall ausliegt. Ein Führer vor allem für junge Leute ist das Büchlein Alternative Vancouver, für 3.95 $ in jedem Buchladen zu kaufen.

Sehenswürdigkeiten: Die Innenstadt sollte man am besten zu Fuß, die Umgebung der Bucht und den Stanley Park mit dem Leihfahrrad erschließen (Bayshore Bicycles, 745 Denman Street).

Zu Fuß durch die Innenstadt: Vom Marine Building (Art Deco, 1929/30, Burrard/Ecke Hastings Street) entlang dem Canada Place (für die EXPO gebautes Konferenzzentrum und Schiffsanleger) zum alten Bahnhof der Canadian Pacific Railway (1912/14) an der Cordova Street (heute Anleger der Fähre nach North Vancouver). Von dort die Granville Street bis Hastings Street. An dieser Straße in Richtung Gastown: Canadian Bank of Commerce (Nr. 640, 1906/8), Standard Building (Nr. 510, 1913, Ornamente in gotischem Stil), Royal Bank of Canada (Nr. 400, 1903, Bank im sogenannten Tempel-Stil), Dominion Building (Nr. 207, 1908/10, zu der Zeit das höchste Bürogebäude im britischen Empire).

In Gastown stammen die meisten Gebäude an der Water Street aus den letzten Jahren des 19. Jahrhunderts, wie der Byrnes Block (Nr. 2 bis 8, 1886/87, eines der ersten Gebäude aus Ziegeln), das Dominion Hotel (Nr. 92, 1900/01), das First Malkin Warehouse (Nr. 139, 1898) und das Hudson House (Nr. 321, 1895).

Gegenüber vom dreieckigen Europe Hotel (43 Powell Street, 1908/09, schöne Eingangshalle) erinnert an der Ecke Water/Carrall Street ein Denkmal an John Deighton, den sogenannten Gassy Jack. Die Boomtown Buildings (423,

Totempfähle und Langhaus in der UBC

Die Lions Gate Bridge wurde in den Dreißigern von der Guiness-Familie gebaut

429 und 451 Powell Street) wurden gleich nach dem großen Stadtbrand im Jahr 1886 hochgezogen. Typische Gebäude der damaligen Mittelklasse sind die Häuser 230 bis 248 Jackson Street.
Zurück in Richtung Innenstadt geht es entlang der Cordova Street. Sehenswert dort die St. James Anglican Church (Nr. 303, 1935/37) und das Firehall Theatre in einem ehemaligen Feuerwehrhaus (Nr. 270, 1905). Nebenan das Polizeimuseum (mo bis fr 9.30 bis 16.30, an Wochenenden 11 bis 16.30 Uhr).
An der Gore Street links halten. Hinter der Hastings Street erstreckt sich die von den anderen Stadtteilen scharf abgegrenzte Chinatown. Das zweitgrößte Chinesenviertel Nordamerikas ist eine Stadt in der Stadt.
Vancouvers Innenstadt besteht überwiegend aus neuen Gebäuden. Aus den frühen Jahren der Stadt stammt jedoch das Geschäft der Hudson's Bay Company, Ecke Georgia/Granville Street (1913/26). Sehenswert sind weiterhin die neuen Law Courts an der Howe Street, die Eingangshalle der Hongkong Bank of China (885 Georgia Street), die von einem 27 Meter langen und 1,6 Tonnen schweren Pendel dominiert wird, sowie der benachbarte Cathedral Place. Gegenüber die Kunsthalle, früher Gerichtssitz (1911). Vorbei an der Christ Church Cathedral (Georgia/Ecke Burrard Street, 1889/95) geht es zurück zum Marine Building.

Fahrt entlang der Bucht: Von der Innenstadt über die Burrard Bridge und entlang der Cornwall Street. Abstecher durch die 2nd oder 3rd Avenue (Kitsilano) bis zum Jericho Park. Weiter entlang dem Marine Drive zum Campus der University of British Columbia (Museum of Anthropology, japanischer Garten). Zurück den University Boulevard, dann 8th Avenue (schöner Blick auf die Innenstadt) und über den Broadway/Burrard Street wieder in die Innenstadt. Der Beach Avenue folgend in den Stanley Park.

Weitere Sehenswürdigkeiten: Granville Island Market unterhalb der Granville Bridge, Lonsdale Quay Market in North Vancouver (zu erreichen mit dem Seabus), Vancouver Aquarium im Stanley Park (täglich 9.30 bis 21 Uhr, im Winter 10 bis 17 Uhr). Gondel auf den Grouse Mountain in North Vancouver mit Blick auf die Stadt (im Winter Skiabfahrt), Capilano Suspension Bridge und Capilano Fisch-Aufzuchtsfarm.

Museen: Museum of Anthropology (6393 N.W. Marine Drive, di bis so 11 bis 17 Uhr, ab Granville Street Downtown Bus Nr. 10 UBC zum Campus). Vancouver Museum (Geschichte der Stadt, Vanier Park, Chestnut Street, Juli und August täglich 10 bis 17 Uhr, sonst mo geschlossen), daneben das Maritime Museum (täglich 10 bis 17 Uhr) und das Planetarium. Science World (1455 Quebec Street auf dem EXPO-Gelände, täglich geöffnet) bringt Wissenschaft auch für Kinder spielerisch nahe.
Die Vancouver Art Gallery (750 Hornby Street, Robson Square, täglich außer di 10 bis 17 Uhr, do bis 19 Uhr, so ab 12 Uhr) zeigt viele Gemälde kanadischer Künstler, darunter eine ständige Ausstellung von Werken der bekanntesten Malerin in B. C., Emily Carr.

Strände: Strände rund um die English Bay: English Bay Beach unterhalb der Innenstadt, Third Beach im Stanley Park, Kitsilano Beach, Jericho Beach und Spanish Banks Beach am südlichen Ufer. Ein FKK-Strand ist der Wreck Beach unterhalb der UBC, vom Marine Drive zu Fuß zu erreichen.

Veranstaltungen: Chinesisches Neujahrsfest (Anfang Februar), Du Maurier International Jazz Festival (zweite Junihälfte), Vancouver Folk Music Festival (Mitte Juli), Vancouver International Film Festival (September und Oktober).

Ausflüge: Nach Fort Langley (s. Kap. 3). Entlang dem Howe Sound nach Squamish: kombinierte Dampfzug-/Bootsfahrt mit dem Royal Hudson Train und dem Schiff Britannia. Fahrkarten müssen mindestens 48 Stunden vorher gekauft werden (Vancouver Travel Infocentre oder unter Tel. [6 04] 6 87-95 58, Harbour Ferries, mit Kreditkarte).

Information: Vancouver Travel Infocentre, 1055 Dunsmuir Street, Vancouver, British Columbia, V7X 1L3, Tel. (6 04) 6 83-20 00.

Sinfonie aus Glas und Stahl: das Gerichtsgebäude an der Howe Street

Canada

GOLF UNLIMITED. THE CANADIAN WAY.

Golf wird in Canada groß geschrieben. Ein Land mit einer weiten, unberührten Natur wie Canada ist seit jeher das ideale Ziel für jeden Aktivurlauber. Zu allen Jahreszeiten haben Sie eine reiche Auswahl an Resorts, die jeden Komfort und ein großes Repertoire an Sportmöglichkeiten bieten: vor allem aber Golf! Mit und ohne Pro, zu einer erschwinglichen Green Fee. Wie wär's mit einer Golfsafari im Frühjahr oder Herbst auf einem der 1.500 (!) Golfplätze des Landes?

SOMMERFLUGPLAN 1992	
Frankfurt-Vancouver	8 x pro Woche
Frankfurt-Calgary	4 x pro Woche
Frankfurt-Edmonton	1 x pro Woche
München-Toronto	3 x pro Woche
alle Flüge in Kooperation mit Lufthansa	

Die Golf-Angebote deutscher Reiseveranstalter sind groß, die Preise – dank eines günstigen Dollarkurses – niedrig. Und Canada ist näher als Sie denken. Canadian Airlines fliegt mehrmals täglich hinüber. Nonstop. Von Frankfurt oder München nach West- und Ost-Canada. Öfter als jede andere kanadische Airline. Wenn Sie weitere Informationen über Golf in Canada haben möchten, dann rufen Sie Canadian Airlines (069/294044) an.

Canadian
Canadian Airlines International

VANCOUVERS UMLAND

Wo British Columbia »geboren« wurde

Wer es sich leisten kann, unterhält in Stadtnähe ein Wochenendhäuschen und ein Boot, gern an der Sunshine Coast. Im Fraser Valley auf der anderen Seite Vancouvers begann die »weiße« Geschichte der Provinz: Im Fort Langley errichtete die Hudson's Bay Company den ersten Handelsposten. Besuchern wird die Geschichte anschaulich vorgeführt.

Metallisch-hell klingt es durch die verrußte Werkstatt, wenn James, der Schmied, seinen schweren Hammer immer wieder auf das heiße Eisenstück fallen läßt. Schlag für Schlag formt er in wenigen Minuten einen Nagel, etwas kantig zwar, aber durchaus zu gebrauchen. Wo vor 150 Jahren Beschläge und Ketten, Äxte und Reifen für Fischfässer in harter Handarbeit hergestellt wurden, geben sich heute Besucher aus aller Welt die Klinke in die Hand – und erhalten von James und seinen ehrenamtlichen Kolleginnen und Kollegen in Fort Langley einen Eindruck vom Leben im alten kanadischen Westen. Mit dem Bau des Forts der Hudson's Bay Company am Ufer des aus den Rocky Mountains heranfließenden Fraser River schlug die Geburtsstunde der Provinz British Columbia.
Als der Gouverneur, seine Exzellenz

Live-Musik beim Harrison Arts Festival

James Douglas, die englische Kronkolonie am 2. August 1858 ausrief, waren die Bewohner Fort Langleys längst dabei, vom Pelzhandel mit den Indianern auf das Ausrüsten von Goldsuchern umzusteigen. Über 100 Jahre lang hatten die Händler in dem von dreieinhalb Meter hohen Palisaden umgebenen Fort mit den Indianern Biberfelle gegen Haushaltswaren getauscht; die Tierhäute waren in England begehrt für edle Zylinderhüte. Zu dieser Zeit kontrollierte die Hudson's Bay Company den Handel weltweit auf drei Millionen Quadratmeilen; über einem Zwölftel der Erdoberfläche wehte ihre rote Flagge mit dem englischen Union Jack in der linken oberen Ecke.

Intensive Landwirtschaft wird im Fraser Valley bei Mission betrieben

Das Mündungsgebiet des Fraser ist die am dichtesten besiedelte Region der Provinz. Eilige wählen den Trans-Canada-Highway 1 in Richtung Osten, doch reizvoller ist der Verlauf des Highway 7 entlang dem nördlichen Fraser-Ufer. Vorbei an Fort Langley, der ersten europäischen Siedlung im kanadischen Westen, führt die Straße nach Mission. Die Kleinstadt wurde nach einer Missionsschule benannt, die katholische Prediger 1861 errichteten. Mit dem Superlativ »Kanadas Bad« wirbt das Städtchen Harrison für sich. Seine heißen Quellen am Ufer des 70 Kilometer langen Harrison Lake sind ein beliebtes Ausflugsziel für die Großstädter aus Vancouver.

Lachs, Felle und Decken handelte . . .

. . . die Hudson's Bay Company im Fort Langley

Die Fahrt durch das landwirtschaftlich genutzte Fraser Valley in Richtung Hope ist ein Ausflug in die Geschichte des westlichen Kanada. Sein Höhepunkt ist der Fort Langley National Historic Park, weitere Stationen sind das B. C. Farm Machinery Museum und das Centennial Museum in Langley sowie Chilliwack mit seiner 1911 im Kolonialstil gebauten Stadthalle.

Bei Squamish »kleben« die Bergsteiger an den Felsen

Wer die Umgebung Vancouvers erkunden möchte, hat die Auswahl zwischen Geschichte und stadtnaher Natur. Diese ist in Ausflügen von einem oder mehreren Tagen zu erleben, wie an der Sunshine Coast oder am Ufer des Howe Sound wenig nördlich der Metropole: Eng an die Küstenberge geschmiegt, schlängelt sich der »Sea to Ski-Highway«, der von der See in die Skigebiete führende Highway 99, entlang dem Fjord. Immer wieder muß diese Straße vor allem im Winter gesperrt werden, weil Felslawinen die Fahrbahn blockieren. Am Ende des Meereseinschnitts liegt das 10 000-Einwohner-Städtchen Squamish, dessen Name in der Sprache der Salish-Indianer »Mutter des Windes« bedeutet. Squamish, wo stets eine steife Brise weht, war einst eine reine Holzfällerstadt. Heute lebt sie zudem vom Tourismus.

Vor allem Bergsteiger frönen in der Umgebung ihrem Hobby. Es ist ein eindrucksvolles Bild, wie sich die meist knallbunt gekleideten Männer und Frauen den Stawamus Chief hinaufarbeiten und scheinbar ohne Halt an diesem 600 Meter hohen Granitfelsen oberhalb von Squamish kleben. Auf seine drei Gipfel führen auch Wanderwege; wie viele Touren in den Küstenbergen erfordern sie eine gute Kondition.

Durch dicht bewaldete Berge führt der Highway 99 entlang dem Garibaldi Provincial Park in den Skiort Whistler. Wo bereits Anfang des 20. Jahrhunderts vereinzelte Lodges gestanden hatten, wurde dieses Retorten-Städtchen ab Mitte der siebziger Jahre aus dem Boden gestampft. Was dabei herauskam, kann sich durchaus sehen lassen: ein durchgeplantes, geschlossenes Ortsbild, rundherum ansehnliche Siedlungen und Skigebiete par excellence. Nur wenige Schritte sind es bis in relativ un-

Kramladen in Kilby

Die Stadthalle von Chilliwack

Alternatives Cabrio für die Kids

berührte Wildnis, immer wieder bieten sich bei sonnigem Wetter herrliche Aussichten von den Wanderwegen. Doch das ständig von den moosbedeckten Felsen tropfende Wasser vermittelt einen Eindruck davon, daß diese Landschaft in den Küstenbergen eine der niederschlagreichsten Regionen Kanadas ist. Von Whistler führt die

Unter Dampf: die Royal Hudson Railway

Straße weiter nach Pemberton und Lillooet, häufig entlang der Zugstrecke von Vancouver nach Prince George (s. Kap. 6).
Der Gegensatz zu Whistler ist die Sunshine Coast, 2400 jährliche Sonnenstunden sprechen für sich. Eine Fähre zwischen Gibsons und North Vancouver verbindet den sonnenverwöhnten, 150 Kilometer langen Küstenstreifen mit dem südlichen Festland.

Boundary Bay – riesiger Rastplatz für Zugvögel

Die vorgelagerte Vancouver Island schützt die Sunshine Coast vor Pazifikwinden und Regen. Bis zur Holzfällerstadt Powell River säumen baumbestandene Buchten mit Sandstränden und flache Felsklippen die Ufer der Strait of Georgia, nur unterbrochen von kleinen Orten wie Roberts Creek, Sechelt, Pender Harbour, Egmont und Saltery Bay.
Diese Küste ist auch das Revier der Taucher. Bei einer Sicht von bis zu 30 Meter präsentiert sich ein Unterwasser-Garten der Superlative: von Schwämmen bedeckte Felsen, farbenfrohe Seesterne mit mehr als zwei Dutzend Armen und

Heute ein Museum: das Kupferbergwerk in Britannia Beach

Schuten transportieren die Baumstämme ins Sägewerk

Über dem Howe Sound: der Stawamus Chief

In Gibsons

Die Smoke Bluffs – Herausforderung für Bergsteiger

Whistler: Ferienzentrum aus der Retorte

»Sea to Ski-Highway« nennen die Menschen den Highway 99 zwischen der Horseshoe Bay und dem Skiort Whistler. Mit den fast senkrecht aufsteigenden Bergen zur einen und dem Howe Sound zur anderen Seite, windet sich die Straße durch spektakuläre Küstenlandschaft. Wer sie in Ruhe genießen möchte, kann von North Vancouver aus auch mit der gemütlichen Royal Hudson Railway nach Squamish dampfen. Salish-Indianer sowie britische und spanische Seeleute benannten die Orte an der Sunshine Coast, einem Küstenstreifen entlang der Strait of Georgia zwischen dem Howe Sound und Desolation Sound.

Anemonen, bis zu 50 Kilogramm schwere Tintenfische, Krebse, flinke Seehunde und einige geheimnisvolle Schiffswracks.
Die Boundary Bay südlich der durch industrielle und häusliche Abwässer arg verdreckten Fraser-Mündung ist ein weiteres Paradies für Naturfreunde, vor allem im Herbst und Winter. Eineinhalb Millionen Zugvögel erholen sich auf diesem größten »Rastplatz« Kanadas von den Strapazen des Fluges. Manche der erstaunlich ausdauernden Tiere führt der Weg von Peru bis an arktische Gewässer. An durchschnittlichen Tagen beobachten Ornithologen zudem bis zu 100 000 Enten und allerlei Greifvögel, von Weißkopf-Seeadlern über verschiedene Habichte und Turmfalken bis zu Eulen.

Port Townsend: Städtchen im Stil der Jahrhundertwende

Nur ein Katzensprung ist es von der Boundary Bay bis zur US-amerikanischen Grenze in White Rock und weitere 30 Kilometer bis Bellingham, in dessen Osten sich der erloschene Vulkan Mount Baker (3285 Meter) erhebt. Von Fairhaven, dem historischen Stadtteil der kleinen Universitätsstadt mit seinen europäisch anmutenden Cafés und Buchläden, windet sich der Chuckanut Drive (Highway 11) entlang der Küste. Von Rastplätzen und engen Stränden und vor allem vom Larrabee Park genießt man eine schöne Aussicht auf die vorgelagerten San Juan Islands.
Wenige Kilometer südöstlich führt eine Fähre von Keystone nach Port Townsend. Das von viktorianischen Bauten geprägte Städtchen liegt am Fuß des von über 3000 Meter hohen Bergen bedeckten Olympic National Park. Kleine Läden mit Kunsthandwerk und Antiquitäten säumen die Water Street wenige Schritte vom Hafen, Villen wie das Rothschild House aus dem Jahr 1868 repräsentieren den Lebensstil um die Jahrhundertwende.
Ein Beispiel für den Küstenschutz im Nordwesten der USA ist das Fort Worden. Im Zweiten Weltkrieg wurde es – wie einige weitere historische Stellungen entlang der Küste von Washington und Oregon – aus Furcht vor einer japanischen Invasion neu befestigt. Im Sommer ist das Fort jetzt eine friedliche Kulisse für kulturelle Veranstaltungen.

REISE-INFO
VANCOUVERS UMLAND

Langley

Karte: Planquadrat F 4.
Kleinstadt östlich von Vancouver im Fraser-Tal. 17 000 Einwohner.
Anreise: Regelmäßige Busverbindung (Greyhound und Cascade Coach Line) mit Vancouver, Tel. (6 04) 5 34-3012.
Sehenswürdigkeiten: Fort Langley National Historic Park, geöffnet täglich von 10 bis 18 Uhr, im Winter bis 16.30 Uhr (24333 Mavis Street, gut ausgeschildert). Alte landwirtschaftliche Maschinen im B. C. Farm Machinery and Agricultural Museum, geöffnet im Sommer 11 bis 17 Uhr (King Street). Langley Centennial Museum (lokale Geschichte), geöffnet im Sommer 10 bis 17 Uhr (9135 King Street).
Unterkunft: Wenige Motels und zwei Campingplätze: Fort Camping Resorts, 9451 Glover Road, Tel. (6 04) 8 88-36 78 und Lombardy Campsite & RV Park, 9215 McBride Street, Tel. (6 04) 8 88-22 44.
Ausgehen: Gute Auswahl überwiegend einfacher Restaurants.
Ausflüge: Golden Ears Park wenige Kilometer nördlich, Wandermöglichkeiten, Campingplatz. Nach Harrison, dort heiße Quellen (Bademöglichkeit).
Information: Fort Langley Tourist Info Centre, Ecke Mavis Avenue/Glover Road, Tel. (6 04) 8 88-14 77; Langley Travel Infocentre, 20420 Fraser Highway, Tel (6 04) 5 30-66 56.

Squamish

Karte: Planquadrat F 4.
Die Kleinstadt am Howe Sound lebt von Holzindustrie und Tourismus. 10 000 Einwohner.
Anreise: Busverbindung mit Vancouver (Maverick Coach Lines). Einmal täglich Zug ab North Vancouver (B. C. Rail, Tel. in Squamish [6 04] 9 84-52 46). Ausflugszug mit Dampflok im Sommer ebenfalls täglich ab North Vancouver (s. Reise-Info Vancouver, Ausflüge).
Unterkunft: Einige Motels. Campingplatz im Porteau Cove Provincial Park, 15 Kilometer in Richtung Vancouver.
Sehenswürdigkeiten: B. C. Museum of Mining in Britannia Beach, geöffnet täglich im Sommer. Einst die größte Kupfermine des British Empire. Wenige Kilometer südlich die Shannon Falls, ein 449 Meter hoher Wasserfall.
Sport: Bergsteigen am Stawamus Chief und anderen Felsen in der Umgebung. Wandern (Wanderwege s. u. Literatur in Allgemeinen Reise-Informationen).
Information: Travel Infocentre, Squamish & Howe Sound Chamber of Commerce, 37950 Cleveland Avenue, Tel. (6 04) 8 92-92 44.

Whistler

Karte: Planquadrat E 4.
Ab Ende der siebziger Jahre gebauter Skiort in den Küstenbergen.
Anreise: Mit dem Bus (Maverick Coach Lines) ab Vancouver, mit dem Zug (B. C. Rail) ab North Vancouver.
Unterkunft: Große Auswahl von Hotels (teuer). Zentrale Reservierung: Whistler Resort Association, P. O. Box 1400, Whistler, B. C., V0N 1B0, Tel. (6 04) 9 32-39 28. KOA Campingplatz (Tel. [6 04] 9 32-5181). Jugendherberge.
Ausgehen: Restaurants mit nordamerikanischer Küche in verschiedenen Preisklassen, Discos in Hotels.
Sport: Wandern im Sommer. Im Winter Langlauf sowie Abfahrt-Skilaufen vom Blackcomb und Whistler Mountain.
Information: Travel Infocentre, Chamber of Commerce, Hwy. 99/Lake Placid Road, Tel. (6 04) 9 32-55 28.

»Gemeinsame Mutter«: Friedensdenkmal an der US-Grenze in White Rock

Sunshine Coast

Karte: Planquadrat F 4.
Küstenlinie nördlich von Vancouver.
Anreise: Bus von Vancouver bis Powell River (Maverick Coach Lines). Flugzeug: Air B. C. von Vancouver nach Powell River. Fähre von North Vancouver nach Gibsons.
Sehenswürdigkeiten: Der Hafen von Gibsons, indianische Totempfähle in Sechelt, die MacMillan Bloedel Papiermühle in Powell River (Führungen durch eine der weltgrößten Fabriken dieser Art von Mai bis September werktags ab 9, 10, 13 und 14 Uhr), mehrere Provinzparks entlang der Küste.
Unterkunft: Motels und mehrere Campingplätze.
Ausgehen: Überwiegend einfache Restaurants.
Sport: Tauchen und Kanufahren (57-Kilometer-Rundkurs bei Powell River).
Ausflug: Mit einem Charterboot von Lund nördlich von Powell River in den Marine Park Desolation Sound.
Information: Infocentre Gibsons: 1410 Marine Drive, Tel. (6 04) 8 86-23 25; Sechelt: 5509 Shorncliff Ave., Tel. (6 04) 8 85-3100; Pender Harbour: Gonzales Street, Tel. (6 04) 8 83-25 61; Powell River: 6807 Wharf Street, Tel. (6 04) 4 85- 47 01.

Ausflug USA

Ein Ausflug in den US-Bundesstaat Washington für ein oder mehrere Tage bereichert den Aufenthalt in Westkanada. Touren nach Bellingham und Seattle können von Vancouver aus mit dem Greyhound-Bus oder dem Quick Shuttle unternommen werden (s. Allgemeine Reise-Informationen, Anreise). Bei anderen Zielen ist ein Auto sinnvoll. Sehenswert sind neben dem Bellingham-Stadtteil Fairhaven das Künstlerstädtchen LaConner 30 Kilometer südlich, Port Townsend, die Boeing-Flugzeugwerke in Everett sowie Seattle, darüber hinaus die gesamte Küste sowie die Olympic Peninsula. Unterkünfte aller Art sind überall einfach zu finden. Von Port Angeles, Anacortes und Seattle gibt es Fährverbindungen nach Vancouver Island. Hinweise für die Einreise siehe Reise-Informationen.

See you tonight!
The Beverly
DISTILLED IN KENTUCKY
UNDER SUPERVISION OF UNITED STATES GOVERNMENT
JIM BEAM
BEAM FORMULA · A STANDARD SINCE 1795
B
Sour Mash
KENTUCKY STRAIGHT
BOURBON WHISKEY
Distilled by
JAMES B. BEAM DISTILLING CO.
INCORPORATED
CLERMONT · BEAM
KENTUCKY
COPYRIGHT 1938 REG. U.S. PAT. OFF.
NONE GENUINE WITHOUT MY SIGNATURE
James B. Beam
DISTILLERS SINCE 1795

VANCOUVER ISLAND

Mörderwale, High Tea und Häuser auf Stelzen

Lang rollen die Wellen des Pazifik am Long Beach aus. Zu Hunderten ziehen hier im Frühjahr und Herbst die Grauwale vorbei auf dem Weg zwischen Alaska und Mexiko, Orcas bevorzugen dagegen die Ostküste der Insel. Alte britische Traditionen pflegt die Hauptstadt Victoria – Touristen schätzen besonders den High Tea.

Wohnzimmer im Emilie Carr House

Johnson Street – Glanz der Jahrhundertwende

Stadtgefährt für Touristen

High Tea – britische Zeremonie im Empress Hotel

Als Kapitän George Vancouver 1792 die gefährliche Johnstone Strait erforschte und kartierte, war ihm nicht bewußt, daß er gerade die größte Pazifikinsel vor der nordamerikanischen Küste entdeckt hatte. Viele Indianerdörfer lagen entlang ihrem Ufer. Mitte des 19. Jahrhunderts entdeckten Pelzhändler den Wert der Insel, 1843 errichtete die Hudson's Bay Company an der Südspitze das Fort Victoria, aus dem sich die spätere Hauptstadt der Provinz British Columbia entwickelte. Heute lebt die saubere Beamtenstadt überwiegend vom Tourismus. Urlauber aus ganz Nordamerika reisen an, um ein Stück britischer Lebensart zu erleben, die dort inszeniert wird – Doppeldeckerbusse, Tweed und High Tea inbegriffen.

Beleuchtet wie ein Weihnachtsbaum: British Columbias Parlament

Am Market Square haben sich Geschäfte und Restaurants angesiedelt

Die Speisefolge beginnt mit saftigen Erdbeeren, angerichtet in einem Schälchen aus schwerem Glas und garniert mit einem Sahnehäubchen. Ihnen folgen Lachs- und Gurkenscheiben auf vornehm weißem Brot, Scones mit Erdbeermarmelade und eine Auswahl feiner Kuchen, die den Magen wie Wackersteine füllen. Dazu wird Tee gereicht, aufgebrüht in silbernen Kannen.
Der Herzogin von Bedford wird die Erfindung dieses Nachmittags-Tees zugeschrieben, einer Zwischenmahlzeit, die im viktorianischen Großbritannien zur Institution wurde: Um ihrem »sinking feeling« zwischen frühem Lunch und spätem Supper zu begegnen, ließ die Lady stets um 17 Uhr Tee, Sandwiches und Gebäck reichen.
Längst ist Großbritannien dieser Tradition entwachsen – nicht so Victoria, die Hauptstadt British Columbias. Täglich wird das Ritual dort zelebriert, weniger bei den Einheimischen als vielmehr für die Gäste aus Texas und Tokio, die auf der Suche nach englischen Gepflogenheiten an die kanadische Westküste reisen. Und nirgends ist der High Tea britischer als im ehrwürdigen Empress Hotel. Alle Stunde werden Tee und Gebäck serviert, ganzen Hundertschaften in Jeans und Turnschuhen.

Wahrzeichen Victorias: das ehrwürdige Empress Hotel

Briten haben für die Inszenierung Victorias als »britischer« Stadt kaum mehr als ein Schmunzeln übrig, doch das Marketingkonzept aus den späten zwanziger Jahren schlug durch. Natürlich ist Victoria eine ausgesprochen kanadische Stadt, doch gerade Besucher aus den USA genießen es, mit Doppeldeckerbussen aus London kutschiert zu werden. Und sie lieben den Dudelsackspieler, der sich pünktlich vormittags neben dem Totempfahl vor dem Parlamentsgebäude aufbaut und sein Repertoire aus einem halben Dutzend schottischer Weisen bis gegen Abend quietschend zu Gehör bringt.
Victoria war nie britisch und sollte es auch nicht sein. Zwar pflegten die ersten Siedler aus England ihre alten Traditionen, und selbstverständlich war Queen Victorias Geburtstag ein Feiertag, doch regierte der pragmatische Pioniergeist der Neuen Welt vom ersten Tag an auch die Stadt an der Südspitze von Vancouver Island.

Victoria – gegründet als Vorposten der Pelzhändler

Den Ton bestimmte einmal mehr die Hudson's Bay Company: Als es sich 1843 abzeichnete, daß der 49. Breitengrad die Grenze zwischen den USA und den britischen Gebieten im Norden werden würde, entschied sich Großbritanniens Vorposten, die Insel zu erkunden. Als Ausgangspunkt bauten die Händler das Fort Victoria, aus dem 1862 die Stadt Victoria entstand.
Als die in British Columbia bekannteste Malerin und Schriftstellerin, Emilie Carr, 1871 in der jungen Hauptstadt geboren wurde, hatte sich Victoria schon längst zum Handelsplatz mit dem Fernen Osten entwickelt. In den Backsteinhäusern nördlich der James Bay – dem heutigen Hafen – waren die Warenlager und Manufakturen untergebracht, arbeiteten die Kerzen- und Parfumhersteller, dominierten Chinesen den Handel und vergnügten sich Seeleute und Minenarbeiter in Spelunken und Bordellen. Südlich der Bucht lebten in vornehmen Villen aus Holz dagegen die Gutsituierten und Akademiker, Familien wie die Carrs und die Helmckens. Dr. John Sebastian Helmcken war um die Jahrhundertwende einer der wenigen Ärzte auf Vancouver Island und auch als Politiker hochangesehen.

Victorias Hafen, der im Osten vom Empress Hotel (1908) und im Süden vom Parlamentsgebäude (1898) flankiert wird, trennt weiterhin zwei verschiedene Stadtbilder: die südlichen Wohngebiete mit ihren hübschen Holzhäusern von einer europäisch anmutenden Innenstadt, die das Glück hatte, vom Fortschrittsgedanken der sechziger und siebziger Jahre verschont geblieben zu sein. In den zwei- bis dreistöckigen Steinhäusern zeugen Restaurants, Galerien und Geschäfte von Wohlstand – darunter Läden, in denen Freunde kitschiger Weihnachten sich ganzjährig mit Accessoires wie kunterbuntem Baumschmuck und Krippen aus Kristall eindecken können.

Als Victoria bereits eine blühende Hauptstadt war, bedeckte jahrhundertealter Wald noch weite Teile von Vancouver Island. Schmale Pfade verbanden verstreut liegende Siedlungen, und Reisende rechneten in Tagen.

Der kaum zugängliche gemäßigte Wald an der Westküste war immer wieder gestrandeten Seeleuten zum Verhängnis geworden, bis sich die kanadische Bundesregierung 1906 entschloß, einen Tierpfad zum Rettungsweg auszubauen: den West Coast Trail, heute eine

»Strandgut« am Long Beach

Reiches Leben in den Tidetümpeln

Der Long Beach ist Teil des Pacific Rim National Park

Längst ist der West Coast Trail kein Geheimtip mehr. Ursprünglich zur Rettung von Schiffbrüchigen angelegt, steht der Wildnispfad heute auf dem Urlaubsprogramm Tausender Besucher. Wanderer müssen umgestürzte und glitschige Baumstämme überwinden, der Weg führt durch Matsch und per Seilwinde über Wildbäche. Die meisten Urlauber wählen indes den bequemen Highway 4, der quer über die Insel zum Pacific Rim National Park führt. Unzählige angeschwemmte Baumstämme säumen dort den Long Beach, und die Brandung schlägt ungestüm an die Felsen.

Baumstämme bieten Schutz: der Scooner-Zeltplatz

Am Seil übers Flußbett auf dem West Coast Trail

Ucluelet ist Heimathafen einer kleinen Fangflotte

Herausforderung für Wildnisfreunde. Mindestens fünf Tage setzen auch erfahrene Wanderer für den 72 Kilometer langen Pfad an, durch dichten Regenwald und entlang langen und einsamen Stränden. Immer wieder macht Morast die Wanderung zur Rutschpartie, versperren umgestürzte Baumstämme den Weg, müssen glitschige Hänge erklommen und reißende Flüsse mit handgezogenen Gondeln überquert werden. Der Rucksack mit Zelt, Schlafsack und Proviant schmerzt auf den Schultern, doch der Einblick in die unverfälschte, unbegreiflich wilde und schöne Natur des kanadischen Westens läßt die Anstrengungen vergessen.

Sanft rollen die Wellen des Pazifiks am Long Beach aus

Der West Coast Trail ist der kaum erschlossene Teil des 1970 geschaffenen Pacific Rim National Parks, den die meisten Besucher in seinem nördlichen Bereich erleben. Über fast 20 Kilometer erstreckt sich dort der Long Beach, gesäumt von Fichten, Zedern und Tannen. Die Brandung spielt ihr eigenes Spiel, dessen man kaum müde wird: Lange Wellen rollen sanft am flachen Strand aus oder tosen wütend gegen Felsen, auf denen sich die Seelöwen drängen. Seesterne und farbenfrohe Seeanemonen bevölkern Felslöcher. Wie Nebel hängt eine feine Gischt über den Sandstreifen, auf die der Pazifik Abertausende Baumstämme gespült hat.

Tofino und Ucluelet (sprich Ju-kwui-let) bilden die Enden der langgestreckten Halbinsel, auf der der Long Beach liegt. Die unscheinbaren Fischerorte erfüllen eine wichtige Funktion in der Versorgung der Westküste. Besonders von Tofinos kleinem Hafen starten häufig Wasserflugzeuge nach Ahousat, Hesquiat oder Nootka, wo im Jahr 1778 Kapitän James Cook landete und vom Indianerhäuptling Maquinna als Abgesandter einer überirdischen Welt geehrt wurde. Nur mit dem Schiff und aus der Luft sind diese Orte zu erreichen.

Über 300 000 Menschen nehmen jährlich die kurvenreiche Fahrt an die Westküste von Vancouver Island in Kauf, wo im Sommer ohne Reservierung kaum Unterkünfte zu bekommen sind. Sie überqueren dabei einen Gebirgszug, der die Insel von der Größe der Niederlande klimatisch in zwei Gebiete teilt:

den feuchten Westen und die trockene Ostküste. So haben die Feriengebiete um Parksville, Comox und Courtenay im Osten ideales Klima.

Die Straße an den Pacific Rim National Park führt durch den MacMillan Provincial Park bei Port Alberni, in dessen Cathedral Grove riesige Tannen in den Himmel wachsen, seit Jahrhunderten ungestört. Doch man stößt auch auf die Holzindustrie, die mit ihren schweren Maschinen ganze Bergkämme kahlrasiert. Geschützt ist die Natur nur in ausgewiesenen Regionen wie dem Strathcona Provincial Park im Zentrum der

Wandgemälde in Chemainos

Insel mit seiner alpinen Bergwelt und dem kaum zugänglichen, menschenfeindlichen Cape Scott Provincial Park bei Port Hardy im Norden.

Auch die Fahrt dorthin führt durch riesige abgeholzte und teilweise wieder aufgeforstete Gebiete. Kurz vor Port McNeill zweigt eine kleine Stichstraße von der Nord-Süd-Verbindung ab; sie endet in Telegraph Cove, einem der wenigen verbliebenen Orte auf Stelzen. Sie gab es früher zu Dutzenden, denn viele Buchten boten nicht genug Raum für herkömmliche Siedlungen.

Telegraph Cove – einer der letzten Orte auf Stelzen

Tiefe Wolken hängen häufig über Telegraph Cove und tauchen das Dorf in ein diffuses Licht. Ein gutes Dutzend Holzhäuser für die 17 Bewohner säumt den autobreiten Steg und endet nach einem Halbbogen an einem Gebäude, das die Post und ein Charterunternehmen für Waltouren beherbergt. Nur Vogelgezwitscher unterbricht die Stille.

Nach Telegraph Cove finden vor allem Besucher, die sich für Orcas interessieren: Die vorgelagerte Johnstone Strait ist neben der Juan de Fuca Strait vor der Südküste Vancouver Islands die einzige Region weltweit, in der diese Tiere nahe an die Küste schwimmen. In rund 15 Rudeln leben dort im Sommer etwa 180 der schönen Schwertwale, sie werden residents genannt. Wo sie im Winter bleiben, ist nicht bekannt, denn 20 Jahre Forschung haben bisher nur unvollständige Kenntnisse über die Meeressäuger erbracht.

In der Robson Bight reiben Wale ihre Bäuche am Strand

Vorsichtig läßt Kapitän Jim Borrowman das Aluminiumboot Lukwa aus der engen Bucht von Telegraph Cove gleiten und nimmt südlichen Kurs. Ziel der Fahrt ist die Grenze des Robson Bight Ecological Reserve, an dessen Kieselstrände Orcas häufig schwimmen, um sich die Bäuche zu reiben. Niemand kennt den Grund für dieses Verhalten, doch in dem flachen Wasser der Bucht sind die Tiere besonders empfindlich für Störungen. Patrouillen in flinken Schlauchbooten achten deshalb im Sommer darauf, daß keine fremden Boote in das Reservat fahren, und Naturschützer treten vehement dafür ein, daß sich die Holzindustrie nicht zu nahe an das Schutzgebiet heranfrißt.

Über Funk hat Jim Borrowman bereits erfahren, daß in der Meeresstraße zwischen dem Festland und Vancouver Island Orcas gesichtet worden seien, die dort auf Millionen zum Laichen ziehende Lachse warten. Plötzlich tauchen die ersten Flossen auf. Die Tiere dieses Rudels, die durch Form und Pigmentie-

Als in Chemainos Anfang der achtziger Jahre die alte Sägemühle schloß, verlegten sich die Bewohner auf den Tourismus: Sie beauftragten ansässige Künstler, viele der nackten Hauswände mit Gemälden über die Geschichte und Kultur der Kleinstadt zu bemalen. Die Rechnung ging auf, in Chemainos hört man heute Sprachen aus aller Welt.

Wer entlang der Ostküste nach Telegraph Cove im Norden der Insel fährt, erblickt immer wieder riesige in den Wald geschlagene Wunden. Unter Schutz steht die Natur nur in wenigen Parks, darunter der Strathcona Provincial Park.

Dampflokomotiven im B.C. Forest Museum in Duncan

Pflanzen aus aller Welt: die Butchard Gardens

Rund 200 Orcas leben während des Sommers in der Johnstone Strait

Kapitaler Fang: Lachsangler in Port Alberni

Einfahrt nach Telegraph Cove

rung ihrer Rückenflossen eindeutig identifiziert werden können, schwimmen weit verstreut, sie jagen.

Für Indianer hatten die Orcas mystische Bedeutung

Nur selten sieht man in dieser Gegend durchziehende Orcas, die zu einer anderen Familie von Schwertwalen zählen. Für diese sogenannten transients hat man den mißverständlichen Namen Mörderwal (Killerwhale) geprägt, denn sie ernähren sich von Meeressäugern wie Seelöwen und Tümmler und greifen sogar Herden von Grauwalen an. Menschen werden sie nicht gefährlich. Manchmal haben Besucher das Glück, die stets von weiblichen Tieren angeführten Orcas springen zu sehen. Der Grund für dieses grandiose Schauspiel ist nicht bekannt, aber es dient möglicherweise der Kommunikation.

Für Indianer an der nordamerikanischen Pazifikküste hatten Orcas mystische Bedeutung. Die Tiere tauchen deshalb häufig in der indianischen Symbolik auf, wie auf dem Friedhof von Alert Bay auf Cormorant Island oder im U'mista Kulturzentrum auf der Telegraph Cove vorgelagerten Insel. Erst 1980 erhielten die Indianer die dort ausgestellten Plastiken zurück, nachdem diese 1922 von der kanadischen Bundesregierung auf Drängen von Missionaren beschlagnahmt worden waren. Mit einem riesigen potlatch wurde die Sammlung willkommen geheißen, einem traditionellen indianischen Fest, bei dem wertvolle Geschenke überreicht werden und das von einem großen Festmahl begleitet wird.

Hunderte von Jahren alt: Douglastannen im Cathedral Grove

Port Alberni

Keep smiling: Bungy Jumping bei Nanaimo

Am Kennedy River bei Port Alberni

REISE-INFO
VANCOUVER ISLAND

Verkehrsmittel

Flugverbindung von Vancouver und Seattle nach Victoria (s. dort), Nanaimo und Port Hardy. Fährverbindung zum kanadischen Festland mit ständig verkehrenden Schiffen der B. C. Ferries: Tsawwassen (sprich: Tsua-was-sen)–Sidney (Victoria), Tsawwassen–Nanaimo, North Vancouver (Horseshoe Bay)–Nanaimo, Powell River–Comox (Tel. [6 04] 3 86-34 31 in Victoria, [6 04] 6 69-1211 in Vancouver). Von allen Häfen auch Schiffe auf verschiedene Gulf Islands.
Schiffsverbindungen (Autofähren) in die USA, Bundesstaat Washington: Washington State Ferry, täglich von Sidney nach Anacortes (Tel. [6 04] 3 81-15 51) und Black Ball Ferry mehrmals täglich von Victoria nach Port Angeles (Tel. [6 04] 3 86-22 02). Täglich mehrere Katamaran-Schnellboote nur für Passagiere von Victoria nach Seattle (Victoria Clipper, Tel. [6 04] 3 82-81 00).
Direkte Busverbindung zwischen Vancouver und Victoria mit Pacific Coach Lines (Tel. [6 04] 3 85- 4411). Busse der Island Coach Lines (Tel. [6 04] 3 85-4411) fahren von Victoria in den Norden von Vancouver Island und über Port Alberni an den Pacific Rim National Park. Orient Lines verbindet ebenfalls Port Alberni mit Tofino und Ucluelet. Der Busbahnhof liegt in Victoria an der Douglas Street hinter dem Empress Hotel.
E&N Railway (VIA) betreibt eine tägliche Zugverbindung von Victoria über Nanaimo nach Courtenay (Tel. [6 04] 3 83-43 24).

Victoria

Karte: Planquadrat G 4.
Hauptstadt von B. C. 68 000 Einwohner, im Großraum 250 000.
Anreise: Flugverbindungen von allen Orten Kanadas über Vancouver. Reizvoll ist der Hafen-zu-Hafen-Flug von Vancouver und Seattle über die Gulf Islands bzw. San Juan Islands mit Wasserflugzeugen der Air B. C. (Tel. [6 04] 3 88-51 51), von Vancouver auch mit Hubschraubern der Helijet Airway (Tel. [6 04] 3 82-62 22). Weitere Anreise s. Verkehrsmittel.
Sehenswürdigkeiten: In der Innenstadt die historischen Häuser des alten Handelsviertels, unter anderem an der Johnson Street, Government Street, Douglas Street (Literatur: Victoria on Foot, erhältlich in jedem Buchladen, oder die Karte Downtown, The Historic Heart of Victoria Map, zu kaufen bei Tourism Victoria). Das alte Fort Victoria befand sich am Bastion Square. Dort informiert das Maritime Museum über die Geschichte der Seefahrt (geöffnet mo bis fr von 10 bis 16, so von 12 bis 16 Uhr).
Einen ganz anderen Charakter haben die Häuser der Wohlhabenden südlich des Hafens: das Helmcken House (1853) neben dem Royal British Columbia Museum und das Richard Carr House, 207 Government Street. Durch beide Gebäude gibt es im Sommer täglich, im Frühjahr und Herbst do bis mo zwischen 10 und 17 Uhr Führungen.
Das Royal B. C. Museum am Hafen bietet einen hervorragenden Einblick in die Geschichte Vancouver Islands. Neben ihm der Thunderbird Park mit Totempfählen und einem indianischen Haus. Öffnungszeiten: im Sommer täglich von 9.30 bis 19 Uhr, im Winter von 10 bis 17.30 Uhr.
Am Hafen liegen das sehenswerte Empress Hotel und die Parliament Buildings (1898), die abends mit Lichterketten nach Disneyland-Manier beleuchtet sind. Führungen durch das Parlament ganzjährig, auf Anmeldung auch auf deutsch (Tel. [6 04] 3 87-30 46).
Vom Beacon Hill Park hat man einen schönen Blick auf die Berge des Olympic National Park im Nordwesten des US-Bundesstaats Washington.
Unterkunft: Edel, aber teuer übernachtet man im Empress Hotel (Tel. [6 04] 3 84-81 11). Für schmalere Geldbeutel gibt es eine Vielzahl von Motels, vor allem an den Ausfallstraßen und am Hwy. 1A. Jugendherberge an der Johnson Street, Zeltplätze 25 Kilometer nördlich im Golfstream Provincial Park und 15 Kilometer entfernt am Thetis Lake direkt am Highway 1. Der Bus nach Nanaimo hält auf Anfrage vor dem Eingang.

Wohnen mit Meeresblick in Tofino

Ausgehen: Reichhaltige Auswahl. Hervorragende Sandwiches und Snacks im Sam's Deli an der Government/ Wharf Street. Vegetarisches Restaurant Green Cuisine am Market Square, 560 Johnson Street. Wen es nach herzhaftem Brot gelüstet, der findet dort auch eine bayrische Bäckerei.
High Tea wird in verschiedenen Restaurants serviert, unter anderem im Empress Hotel (Anmeldung unter Tel. [6 04] 3 84-81 11) und im Botanischen Garten The Crystal Garden, 713 Douglas Street, Tel. (6 04) 3 81-1213. Eine literarische Vorbereitung ermöglicht das Büchlein Tea-Time Victoria, A Guide to Afternoon Tea, von Judy Bidgood.
Aktuelle Informationen über Konzerte, Live Musik in Pubs und Kinoprogramme im kostenlosen Monday Magazine, das in vielen Geschäften ausliegt.
Ausflüge: Zum Botanischen Garten Butchard Gardens 21 Kilometer nördlich. Sehenswert sind die ehemalige Holzfällerstadt Chemainos (Wandgemälde) und die Kleinstadt Duncan mit Totempfählen und einem indianischen Museum etwa 50 Kilometer nördlich.
Information: Tourism Victoria Travel Infocentre, 812 Wharf Street, Victoria, B. C. V8W 1T3, Tel. (6 04) 3 82-2127 (am Hafen).

Nanaimo

Karte: Planquadrat F 4.
Fährhafen an der Ostküste von Vancouver Island, 51 000 Einwohner.
Anreise: s. Verkehrsmittel.
Sehenswürdigkeiten: Die historische Altstadt entlang Front, Commercial und Chapel Street (Führungen täglich 10.30 und 13.30 Uhr ab Nanaimo Centennial Museum and Archives, 100 Cameron Road). Das Museum ist täglich von 9 bis 18, im Winter von 9 bis 16 Uhr geöffnet.
Reste der Dörfer von Salish-Indianern und von teilweise zugänglichen Kohleminen auf Newcastle Island, Bootsverbindung dorthin ab Steward Avenue.
Unterkunft: Eine Vielzahl von Motels vor allem entlang dem Island Highway.

Kunst aus Baumstämmen: Strandhaus mit Gartenschmuck in Sooke

Information: Nanaimo Travel Infocentre, 266 Bryden Street, Tel. (6 04) 7 54-84 74 (an der Durchgangsstraße Island Highway).

Parksville, Campbell River

Karte: Planquadrate F 3, E 3.
Endpunkte einer Ferienregion an der Ostküste von Vancouver Island mit schönen Stränden und Sportmöglichkeiten. Zeltplätze, Motels.
Anreise: s. Verkehrsmittel.
Information: Travel Infocentre, Island Highway, Parksville, Tel. (6 04) 2 48-3613 (etwas südlich der Stadt). Courtenay Travel Infocentre, Chamber of Commerce, 2040 A Cliffe Avenue, Courtenay, Tel. (6 04) 3 34-32 34. Travel Info Centre, 1235 Island Highway, Campbell River, Tel. (6 04) 2 86-07 64.

Port Hardy, Port McNeill

Karte: Planquadrate D 1, E 2.
Kleinstädte im dünn besiedelten Norden der Insel.
Anreise: s. Verkehrsmittel. Keine öffentlichen Verkehrsmittel nach Telegraph Cove. Fähre von Port McNeill nach Cormorant Island und zur Malcolm Island.
Sehenswürdigkeiten: U'mista Cultural Centre und indianischer Friedhof in Alert Bay, Cormorant Island. Cape Scott Provincial Park im Nordwesten. Telegraph Cove, ein Ort auf Stelzen.
Ausflüge zu Orcas in die Johnstone Strait bieten u. a. an: Stubbs Island Charters, Telegraph Cove, B. C., V0N 3J0, Tel. (6 04) 9 28-3185 und Wayward Wind Charters, Box 300, Sointula, B. C., V0N 3E0, Tel. (6 04) 9 37-63 07.
Unterkunft: Gute Auswahl an Hotels und Motels sowie Zeltplätzen in Port Hardy und Port McNeill. Zeltplatz in Telegraph Cove (Tel. [6 04] 9 28-31 31).
Information: Port McNeill Travel Infocentre, Tel (6 04) 9 56-31 31. Port Hardy Travel Infocentre, 7250 Main Street, Tel. (6 04) 9 49-76 22.

Pacific Rim National Park

Karte: Planquadrate F 2, 3, G 3.
Nationalpark an der Westküste. Drei Bereiche: Long Beach, Broken Islands, West Coast Trail.
Anreise: s. Verkehrsmittel. Von Port Alberni fährt di, do und sa die Fähre Lady Rose nach Bamfield und zurück, im Sommer zusätzlich mo, mi und fr von Port Alberni nach Ucluelet. Von Bord werden in den Broken Islands Kajaks verliehen (Tel. [6 04] 7 23-8 313).
Sehenswürdigkeiten: Der Long Beach mit angeschwemmten Baumstämmen und vielfältiger Flora und Fauna, der West Coast Trail (s. u.), die heißen Quellen im Hot Springs Cove (mit dem Boot ab Tofino, Tel. [6 04] 7 25-2215), vorbeiziehende Grauwale (zu sehen im Frühjahr und Herbst).
Unterkunft: Eine Vielzahl von Hotels und Motels sowie von Campingplätzen in Tofino und Ucluelet (frühzeitig reservieren, s. Allgemeine Reise-Informationen, Unterkunft). Keine Reservierung nehmen der Green Point und der Schooner-Zeltplatz im Nationalpark entgegen, deshalb früh ankommen.
Ausgehen: Mäßige Auswahl von Restaurants und Pubs. Gute mittelamerikanische Küche im alternativ angehauchten Alley-Way Café in Tofino.
West Coast Trail: Die mindestens fünf Tage dauernde Wildnis-Wanderung von Port Renfrew nach Bamfield ist nur Wanderern mit guter Kondition zu empfehlen, sie muß zudem gut vorbereitet werden (Tidenverhältnisse, Überquerung von Flüssen, wetterfeste Ausrüstung, Lebensmittel). Informationen: The Superintendent, Pacific Rim National Park, Box 280, Ucluelet, B. C. V0R 3A0, Tel. (6 04) 7 26-77 21 oder 7 26-4212. Landkarten erhält man in guten Buchläden in Vancouver und Victoria, hilfreich ist zudem das Buch The West Coast Trail von Tim Leadem.
Information: Pacific Rim Visitor Service (an der Straße von Ucluelet nach Tofino), Tel. (6 04) 7 26-73 33 (März bis Oktober). Tofino-Long Beach Travel Infocentre, 351 Campbell Street, Tofino, Tel. (6 04) 7 25-3414, FAX (6 04) 7 25-32 96. Ucluelet Travel Infocentre, 1620 Peninsula Road, Tel. (6 04) 7 26-46 41.

Der Dampfer Lady Rose verbindet Ucluelet und Port Alberni

Wir tun viel dafür, daß sie uns weniger spürt.

Viele kleine und größere Verän-
derungen bei AEG haben sich
ganz natürlich ergeben – aus
der Verantwortung für unseren
Planeten Erde. AEG hat deshalb
Geräte entwickelt, die nach
ökologischen Gesichtspunkten
auf dem neuesten Stand der
Technik sind.
Weil wir schon bei der Herstel-
lung auf Umweltverträglichkeit
achten, z. B. was den Einsatz na-
türlicher Rohstoffe betrifft. Weil
wir auch an die spätere umwelt-
schonende Entsorgung denken
und mit umweltgerechter Ver-
packung das Öko-System so
wenig wie möglich belasten. Und
weil unsere Geräte beim Ver-
brauch von Strom, Wasser und
Chemie auch noch erfreulich
ökonomisch sind. Damit uns
die Umwelt noch weniger spürt.

AEG — AUS ERFAHRUNG GUT

AEG

Die ersten Missionare brachten den Wein, spätere Siedler die Pfirsiche und Kirschen: Das Okanagan Valley ist heute der Obst- und Gemüsegarten des Westens. Zu Reichtum kamen im Vorgebirge der Rockies einst die Silberschürfer – ihren Spuren begegnen Besucher in den Kootenays auf Schritt und Tritt.

SÜDLICHES BRITISH COLUMBIA

Obstgärten und Silberminen

Frühsommer auf dem Mount Revelstoke

Paint Pots – Mineralquellen im Kootenay National Park

Natürliche Badewanne: die Lussier Hot Springs

Wind und Wasser formten die Felsen am Dutch Creek bei Fairmont

Der Raddampfer Moyie in Kaslo

Raddampfer verbanden die Siedlungen am Kootenay Lake und den Arrow Lakes, bevor Straßen den Südosten der Provinz erschlossen. Längst sind die alten Kähne in den verdienten Ruhestand versetzt worden, doch auf Fähren trifft man in diesem Seengebiet noch häufig.
Einige Städte haben die ausgedienten Raddampfer an Land gelegt und als Museen hergerichtet.

Im Woodberry Mining Museum

Historisch: die Baker Street von Nelson

Kaslo, British Columbia: Ein Städtchen in den Kootenay-Hügeln, auf der einen Seite begrenzt vom Kootenay Lake, auf der anderen von den steilen Selkirk Mountains. 1893 gegründet als Standort für Holzverarbeitung, einige Häuser im viktorianischen Stil. 1012 Einwohner. Zwei Straßen nach Westen und Süden sowie eine in den Norden, die dort bald in einen Schotterweg übergeht. Keine öffentlichen Verkehrsmittel. Ein paar Geschäfte, Pubs, eine Bücherei, ein Krankenhaus, eine Galerie, ein Minenmuseum – und der Raddampfer S. S. Moyie.

Dieser Dampfer spielt eine zentrale Rolle in der jüngeren Geschichte Kaslos, einer Geschichte, die sich wohl nur in einer nordamerikanischen Kleinstadt zutragen kann: Als die Moyie 1957 nach 59 Jahren bravem Dienst auf dem 115 Kilometer langen Kootenay Lake in den Ruhestand ging, kauften die Menschen von Kaslo das Schiff für einen Dollar von der Canadian Pacific Railway und legten es an Land. Doch das Geld für die Unterhaltung des Museums fehlte, die Moyie rottete an der Front Street vor sich hin. Bis die Kasloites, wie sich die Bewohner des abgelegenen Dorfes nennen, eine Kampagne inszenierten: SOS – Save Our Ship. Babysitter spendeten ein paar Cent ihres schmalen Honorars, Hausfrauen verkauften Kuchen, die örtliche Handelskammer organisierte ein Bootsrennen. Zeitungen und Rundfunkstationen berichteten über Kaslo, die Provinzregierung übergab Gewinne aus einer Lotterie, aus ganz Nordamerika kamen Spenden. Seit 1988 wird die einst fast 30 Stundenkilometer schnelle Moyie restauriert – sie ist ein Symbol für das enge Zusammenleben in einer kanadischen Kleinstadt.

Kaslo war einst eine blühende Siedlung. Als in den letzten Jahren des 19. Jahrhunderts am Slocan River Silber gefunden wurde, stampften Neuankömmlinge binnen Monaten Dörfer und Städte aus dem Boden. Siedlungen wie Slocan, Silverton und Sandon entstanden. Doch der Boom hielt nicht lange an: Als der Silberpreis zu Beginn dieses Jahrhunderts zusammenbrach, ließen die weiterziehenden Prospektoren Geisterstädte zurück.

Erfolgreich nach dem Boom: die Silberstadt Nelson

In Sandon, wo bis zum Goldrausch am Klondike (s. Kap. 7) 5000 Männer und Frauen lebten, wohnen jetzt noch 12 Menschen. Sie sind überwiegend in der Forstindustrie und in der einzigen noch intakten Silbermine beschäftigt. Wenn im Winter hoher Schnee den in das Tal führenden Schotterweg bedeckt, ist die Siedlung manchmal für Tage von der Außenwelt abgeschnitten. Keine Spur existiert mehr vom quirligen Leben, das einst in den Straßen und Saloons der Stadt herrschte.

Dem Silberboom verdankt auch Nelson seine Existenz. Anders als umliegende Siedlungen schaffte die Stadt aber bald den Absprung und entwickelte sich zum Versorgungszentrum der Kootenays, das überdies seine Geschichte geschickt vermarktet. Über 350 historische Gebäude sind unter Denkmalschutz gestellt. Sie fügen sich zu einem harmonischen Stadtbild zusammen, das Besucher in Scharen anzieht.

Hinzu kommt ein kulturelles und politisches Angebot, das mancher Großstadt zur Ehre gereichen würde. Seinen Ursprung hat es in den späten sechziger

und frühen siebziger Jahren, als Tausende junger US-Amerikaner den Kriegsdienst in Vietnam verweigerten und nach Kanada flüchteten. Viele siedelten sich in Nelson an und sorgten dafür, daß man sich in dem 8500-Einwohner-Städtchen mit Meditation, Nicaragua und Reinkarnation beschäftigen kann.
Die »draft dodgers« bewiesen in jedem Fall einen guten Geschmack, denn Nelson liegt überaus idyllisch an einem Seitenarm des Kootenay Lake, eingebettet zwischen hohen Bergen. Wenn sich abends die Dunkelheit über die Stadt legt, wirkt sie wie von schwarzen Wänden umstellt.
Wer von den Kootenays in Richtung Westen fährt, stößt bald auf trockenes Grasland. Es gehört zu dem Hochplateau, das sich von den Küstenbergen östlich von Vancouver bis kurz vor die Rocky Mountains erstreckt. Schon im Frühsommer bedeckt verdörrte, braune Vegetation das Land; Feldwirtschaft ist nur im Umland von drei parallel laufenden, langgestreckten Seen möglich. Tag und Nacht werden die Felder dort bewässert.

Ein Missionar brachte den Wein ins Okanagan Valley

In kaum einem kanadischen Supermarkt fehlen Äpfel und Pfirsiche aus dem Okanagan-Tal, und in den Alkoholgeschäften stehen Johannesberg Riesling und Pinot Noir aus der Region neben importiertem Rheinhessen und Bordeaux. Die Landschaft zwischen Vernon und Penticton ist das Obstland des Westens. Im Mai ist das Flußtal ein einziges Blütenmeer, wenn die Apfel-, Birnen-, Pflaumen- und Kirschbäume blühen, und im Sommer säumen Hunderte von Ständen mit frischen Früchten die Straßen.
Ein französischer Geistlicher brachte die ersten Weinstöcke und Obstbäume in das Okanagan-Tal: Pater Pendosy. Unweit des heutigen Kelowna errichtete der Missionar 1859 die erste weiße Siedlung und unterrichtete eingeborene Salish-Indianer in europäischer Kultur.
40 Jahre später war es erneut ein Auswärtiger, der dem Obstanbau auf die Sprünge half: 1897 kam der Zeitungsverleger John M. Robinson aus dem fernen Manitoba in die Region, um nach Möglichkeiten für Minen Ausschau zu

Das Fraser Valley bei Lillooet

Ungezähmtes Wildwasser: das Hell's Gate

Zug am Fraser Canyon

Eichhörnchen sind häufig sehr zutraulich

Der Manning Park grenzt im Süden an den US-Bundesstaat Washington

Ausflug auf dem Lightning Lake im Manning Park

137 Meter hoch: die Helmcken Falls im Wells Gray Provincial Park

Rinderzucht und Akkerbau kennzeichnen das Thompson Country nördlich von Revelstoke und Kamloops. Eines der größten Naturschutzgebiete ist dort der Wells Gray Provincial Park mit einigen Wasserfällen und vielen Wanderwegen.
Östlich der Küstenberge ist das Land trokken und karg. Lillooet, eine gesichtslose Kleinstadt, war in den sechziger Jahren des 19. Jahrhunderts eine der größten Städte westlich von Chicago und nördlich von San Francisco. Am Zusammenfluß des Cayoosh Creek mit dem Fraser River gelegen, lag hier die »Mile 0« auf dem Cariboo Wagon Trail in die Goldstadt Barkerville. Mit Ausrüstung und Lebensmitteln beladene Pferdegespanne reisten von Lillooet in den damals kaum erschlossenen Norden.

halten. Als er entdeckte, daß einige Einheimische köstliche Pfirsiche anbauten, investierte er statt dessen in ein Bewässerungssystem und legte damit den Grundstein für eine neue Siedlung: Peachland, Pfirsichland.
Andere Ortsnamen im Okanagan sind indianischer Herkunft: Der Shushwap Lake trägt den Namen der nördlichsten Familie der Salish-Indianer, Penticton bedeutet in deren Sprache »ein Platz, an dem man immer leben kann« (pen-tak-tin), und Osoyoos kommt von soyoos und heißt »der Platz, wo zwei Seen zusammenkommen«.

Sagebrush und Kakteen: ein Hauch von High Noon

Unmittelbar an der Grenze zu den USA gelegen, ist Osoyoos das Zentrum der einzigen kanadischen Wüste; sie ist eine Fortsetzung des Trockenlandes von Sonora, das sich von Mexiko durch die USA bis ins südliche Okanagan erstreckt. Weniger als 20 Zentimeter Regen jährlich und bis zu 44 Grad Sommerhitze lassen kaum Vegetation zu. Losgerissenes Sagebrush wird vom Wind über das verbrannte Gras getrieben und vermittelt einen Hauch von High Noon. Pfirsichkakteen finden ideale Lebensbedingungen, und wer genau hinschaut, entdeckt auch die vielfältige Tierwelt: Habichte und Eulen, die von Murmeltieren leben, Schildkröten und Kanadas kleinster Vogel, der Kolibri.

Grollend tobt der Fraser durch das enge »Höllentor«

In erstaunlichem Tempo wechseln Landschaft und Vegetation auf dem Weg nach Westen ihr Gesicht. Nadelbäume verdichten sich rasch zum Wald, der immer wieder von sprudelnden Bächen durchzogen wird. Auf über 1300 Meter steigt der Crownsnest Highway an, den höchsten Punkt des Manning Parks. Vierspurig geht es von dort durch monumentale Berge hinunter nach Hope, vorbei an einem Erdrutsch, der am Morgen des 9. Januar 1965 den alten Highway auf drei Kilometer Länge unter sich begrub. 46 Millionen Kubikmeter Schlamm und Geröll walzten alles nieder. Vier Menschen, die zuvor von einer Schneelawine festgehalten worden waren, verloren ihr Leben.
Von Hope fließt der Fraser River träge in Richtung Pazifik. »The gates of hell«, die Tore der Hölle, nannte Simon Fraser eine 34 Meter breite Schlucht etwas nördlich der Kleinstadt, durch die sich der Fluß mit mächtigem Grollen seinen Weg bahnt. Der Entdecker Fraser war der erste Weiße, der das Hell's Gate im Juni 1808 zu Gesicht bekam. Drei seiner Männer bezahlten den Versuch, die Schlucht mit einem Boot zu bezwingen, fast mit dem Leben.
Als Goldfunde am Oberlauf des Flusses Mitte des 19. Jahrhunderts Tausende von Männern in den Norden trieb, entstanden am Ufer des Fraser rasch neue Handelsstationen. Eine der wichtigsten war Lillooet; die Siedlung wurde zum Ausgangspunkt des Cariboo Wagon Trails, auf dem die Männer in Barkerville und anderen Siedlungen mit Lebensmitteln und Arbeitsgeräten versorgt wurden. Rastplätze wurden nach der Entfernung von diesem Städtchen benannt: Am 70-Mile-House und 100-Mile-House machen Fernfahrer heute Rast auf dem Weg nach Norden.

Erste weiße Station im Binnenland: die Father Pendosi Mission in Kelowna

Kelowna ist das Zentrum des Okanagan Valley

Badespaß am Sun Oak Beach bei Penticton

REISE-INFO SÜDLICHES BRITISH COLUMBIA

Hope, Princeton

Karte: Planquadrate F 5, F 6.
Kleinstädte im südlichen Küstengebirge (4000 bzw. 3000 Einwohner).
Anreise: Greyhound-Busse. Zugverbindung nach Vancouver und Richtung Osten.
Sehenswürdigkeiten: In Hope die Othello Quintette-Tunnel in der Coquilhalla-Schlucht: 1916 fertiggestellte und 1959 aufgegebene Eisenbahntunnel, zu erreichen von der Coquilhalla Canyon Recreation Area. Von Hope Hwy. 5, Abfahrt Kawakawa Lake.
Unterkunft: s. Allgemeine Reise-Informationen, Unterkunft.
Ausflüge: Von Hope zum Hell's Gate, einer Schlucht des Fraser Canyon etwa eine Stunde nördlich am Hwy. 1.
Von Princeton nach Coalmont und zur Geisterstadt Granite City, in den 1880ern eine Stadt von 2000 Einwohnern. Anfahrt: Am nördlichen Ende der Bridge Street in Princeton über den Similkameen River, dann links in Richtung Coalmont (18 Kilometer) und weitere zwei Kilometer nach Granite City.
Zwischen Princeton und Hope liegt der 71 400 Hektar große, im Süden an die USA grenzende Manning Park mit Wander- und Campingmöglichkeiten (Infozentrum am Hwy. 3).
Information: Hope Travel Infocentre, 919 Water Avenue, Tel. (6 04) 8 69-20 21; Princeton Travel Infocentre, 167 Vermilion Avenue, Tel. (6 04) 2 95-3103.

Lillooet

Karte: Planquadrat E 5.
Kleinstadt am Hwy. 12 (1825 Einwohner). Historische Bedeutung als Ausgangspunkt des Cariboo Wagon Trail.
Anreise: Zugverbindung mit B.C. Rail nach Vancouver und Prince George.
Sehenswürdigkeiten: Lillooet District Historic Museum, Main Street (täglich von Mitte Mai bis Mitte Oktober).
Landschaftlich reizvoll ist die Strecke entlang dem tiefen Fraser Canyon und durch die Küstenberge nach Pemberton/Whistler (teilweise Schotterstraße).
Unterkunft: s. Allgemeine Reise-Informationen, Unterkunft.
Information: Lillooet Travel Infocentre, Tel. (6 04) 2 56-43 08.

Salmon Arm, Sicamous, Revelstoke

Karte: Planquadrate E 6, D 7.
Kleinstädte am Trans-Canada-Highway (11 400, 2000, 8300 Einwohner). Wandern und Bootfahren.
Anreise: Greyhound, Hauptverbindung zwischen Calgary und Vancouver mit häufig verkehrenden Bussen.
Sehenswürdigkeiten: Zwischen Salmon Arm und Sicamous der Shuswap Lake, ein weitverzweigter See mit über 1000 Kilometern Wasserstraßen. In Salmon Arm und besonders in Sicamous werden Hausboote verliehen. Information über Buchungen bei der High Country Tourism Association, 403H – 186 Victoria Street, Kamloops, B.C., V2C 5R3.
Revelstoke bietet viele Naturerlebnisse: Wandern und Radfahren mit Mountain Bikes sowie im Winter Langlauf im Mount Revelstoke National Park. Auf den Gipfel des Mount Revelstoke führt auch eine Straße (Abzweigung vom Trans-Canada-Highway)
Sehenswert ist der 175 Meter hohe Revelstoke Dam, der den Columbia River staut (auf dem Hwy. 23 neben dem Infocentre in nördliche Richtung fahren, acht Kilometer).
Unterkunft: Hotels, Motels und Campingplätze (s. Allgemeine Reise-Informationen, Unterkunft). Mehrere Campingplätze im Mount Revelstoke National Park. In Revelstoke empfehlenswert das ruhige Hidden Motel (Hwy. 23 nach Süden, dann Big Eddy Road, Tel. [6 04] 8 37-44 20). In Salmon Arm das Salmon River Motel and Campground, 910 – 40th Street SW, Tel. (6 04) 8 32-30 65). Campingplatz im Shushwap Lake Provincial Park (in Squilax auf halbem Weg zwischen Salmon Arm und Kamloops am Hwy. 1 Richtung Celista abzweigen, dann 19 Kilometer).
Ausflüge: Von Revelstoke Richtung Rocky Mountains in den Glacier National Park. Höchster Punkt der Straße durch spektakuläre Berglandschaft ist der Rogers Pass, 1881 vom Chefingenieur der Canadian Pacific Railway für die Trans-Kanada-Route entdeckt und Hauptkorridor für den Schienen- und Straßenverkehr durch die kanadischen Rocky Mountains. Im Park viele Wandermöglichkeiten.
Information: Salmon Arm Travel Infocentre, Tel. (6 04) 8 32-62 47; Sicamous Travel Infocentre, Main Street/Ekke Riverside Avenue, Tel. (6 04) 8 36-33 13; Revelstoke Travel Infocentre, Tel. (6 04) 8 37-35 22.

Das Rathaus von Kaslo

Kamloops

Karte: Planquadrat E 6.
Größte Stadt im südlichen Binnenland (62 000 Einwohner).
Anreise: Greyhound-Busse in alle Landesteile (Busbahnhof 725 Notre Dame Drive, Tel. [6 04] 3 74-1212). Zugverbindung nach Vancouver und Jasper (Bahnhof 95 – 3rd Avenue, Tel. [6 04] 3 72-58 58). Flüge nach Vancouver.
Sehenswürdigkeiten: Secwepemc Museum (indianische Geschichte, Hwy. 5 Richtung Norden über Yellowhead Bridge, gleich nach der Brücke rechts, dem Schild »Kamloops Indian Band« folgen. Geöffnet mo bis fr 8.30 bis 16.30 Uhr).
Unterkunft: Eine Fülle von Hotels und Motels, s. Allgemeine Reise-Informationen, Unterkunft.
Ausflüge: Zum Wells Gray Park, einem Wildnispark etwa zwei Stunden nördlich. Besonders sehenswert sind die 137 Meter hohen Helmcken Falls sowie weitere Wasserfälle. Wer Zeit hat, sollte einige Tage in dem Park verbringen und wandern oder Kanu fahren. Infozentrum in Clearwater an der Kreuzung Hwy. 5 mit der Straße zum Park.
Information: Kamloops Travel Infocentre, 10 – 10th Avenue, Tel. (6 04) 3 74-33 77.

Wasser-»Fahrrad« am Penticton Beach

Okanagan Valley

Karte: Planquadrat F 6.
Sonnenreiches Tal des Okanagan Lake und zwischen Enderby und der Grenze zu den USA. Obst- und Weinanbau. Beliebte Ferienregion mit schönen Stränden und Wassersport. Hauptorte sind Penticton (24 000 Einwohner), Kelowna (60 000) und Vernon (20 000).
Anreise: Greyhound-Busse.
Sehenswürdigkeiten: In Kelowna die Father Pendosy Mission an der Benvoulin Road (täglich geöffnet) und der Raddampfer Fintry Queen (Anleger in der Innenstadt, Rundfahrten). In Penticton der Raddampfer S. S. Sicamous am Okanagan Lake (Riverside Park).
Weinfreunde sollten sich eine Tour durch verschiedene Probierstuben nicht entgehen lassen. Informationen in den Infocentres.
Unterkunft: Entlang dem Hwy. 97 viele Hotels, Motels und Campingplätze (s. Allgemeine Reise-Informationen, Unterkunft).
Information: Penticton Travel Infocentre, 185 Lakeshore Drive, Tel. (6 04) 4 92-41 03; Kelowna Travel Infocentre, 544 Harvey Avenue, Tel. (6 04) 8 61-1515; Vernon Travel Infocentre, 3700 – 33rd Street, Tel. (6 04) 5 45-07 71.

Nelson

Karte: Planquadrat F 8.
Kleinstadt am Kootenay Lake (8500 Einwohner) in einer durch Silberminen historisch interessanten Region.
Anreise: Greyhound-Busse.
Sehenswürdigkeiten: Die historische Baker Street und andere alte Gebäude in der Innenstadt sowie Wohnhäuser am Berghang (Broschüren: Heritage Walking Tour/Heritage Motoring Tour, erhältlich im Infocentre). Das Nelson Museum informiert über die Geschichte der Region (Nelson Avenue/Ecke Anderson Street, täglich 13 bis 18 Uhr im Sommer, 13 bis 16 Uhr im Winter).
Unterkunft: Zu empfehlen ist das Heritage Inn, 422 Vernon Street, Tel. (6 04) 3 52-53 31. Campingplatz im City Tourist Park, 90 High Street (Tel. [6 04] 3 52-90 31).
Ausflüge: Entlang dem Kootenay Lake nach Kaslo und weiter über den Hwy. 31A in die fast verlassene Silberminen-Siedlung Sandon (in eine deutlich ausgeschilderte Schotterstraße abzweigen, dann fünf Kilometer).
Auf dem Weg nach Kaslo kann man in den Ainsworth Hot Springs ein wohltuendes Bad nehmen. Heiße Quellen besitzt auch Nakusp zwischen Nelson und Revelstoke (nördlich des Ortes abzweigen und 20 Kilometer in die Berge, Zeltplatz an einem Bach).
Information: Nelson and District Travel Infocentre, 225 Hall Street, Tel. (6 04) 3 52-34 33.

Radium Hot Springs

Karte: Planquadrat E 8.
Dorf mit 370 Einwohnern und 30 Motels am Kootenay National Park.
Anreise: Bus von Cranbrook.
Sehenswürdigkeit: Heiße Quellen.
Unterkunft: Motels, zwei Campingplätze, Zeltplätze im Kootenay National Park. Wer es gern ruhiger hat, sollte in Invermeere übernachten (Adressen s. Allgemeine Reise-Informationen, Unterkunft).
Ausflüge: Wandern oder Skifahren im Kootenay National Park (Informationen und Karten am Infozentrum direkt am Hwy. 93). Zum Fort Steele, einer Museumsstadt mit Häusern aus der Jahrhundertwende 100 Kilometer südlich am Hwy. 93 (täglich ab 9.30 Uhr).
Informationen: Radium Hot Springs Travel Infocentre, Tel. (6 04) 3 47-93 31.

Stop-Go-Girls regeln den Verkehr an Tagesbaustellen

Die Oberstadt von Nelson: Holzhäuser wie aus dem Western

Kirche St. Stephen in Windermeere

In Sicamous

Der Marble Canyon im Kootenay National Park

Auf den Strand gezogen: der Raddampfer Sicamous in Pentiction

Schmale Treppenaufgänge, Veranden mit Bänken oder Schaukelstühlen – Häuser im kanadischen Westen erinnern häufig an Szenen aus Wildwest-Filmen. Innerhalb weniger Wochen werden diese Häuser zusammengezimmert: Auf dem Fundament errichten die Zimmerleute zunächst ein Gerüst, an dem auf beiden Seiten Holzplatten befestigt werden. Auch der Innenausbau besteht meist aus Holz, Kleiderschränke werden gleich mit eingebaut.

NÖRDLICHES BRITISH COLUMBIA

Weites Land für Einzelgänger

Auf schmalen Stegen balancieren Indianer beim traditionellen Lachsfang. In vielen Orten ist die Kultur der Ureinwohner lebendig, besonders bei Hazelton und auf den Queen Charlotte Islands. Wer durch den Norden reist, erlebt unberührte Wildnis – und einen gewaltigen Raubbau an der Natur durch die Holzwirtschaft.

Einsames Gehöft im Bulkey Valley bei Smithers

Wie vor 100 Jahren: Szene in Barkerville

Gold war einst die wichtigste natürliche Ressource des Nordens, heute hat Holz diese Rolle übernommen. In vielen Landesteilen hat die Holzwirtschaft durch Kahlschläge riesige Schäden angerichtet. Die meisten Gebiete werden wieder aufgeforstet, doch die ökologische Qualität des Urwalds wird nie wieder erreicht werden. Beliebt bei Kanufahrern ist der Bowron Lake Park unweit der Museumsstadt Barkerville. Sechs Seen bilden dort ein Rechteck mit einem 116 Kilometer langen Rundkurs, auf dem Wassersportler sieben bis zehn Tage unterwegs sind.

Barkerville wird der Nachwelt als Museum erhalten

Die Holzindustrie ist der bedeutendste Wirtschaftszweig im Norden

Tief hängen die Wolken über Prince George, als der Triebwagen der B. C. Rail langsam aus dem Bahnhof rollt. Bahnhof? Es wäre übertrieben, der Station am Rande eines Industriegebietes diesen Namen zu geben, denn eigentlich besteht sie nur aus einem kleinen Verwaltungsgebäude und einem guten Dutzend Schienenstränge, auf denen Frachtwaggons mit Holz und Pulpe (Papierbrei) auf ihre Abfertigung warten. In einer endlos erscheinenden, bis zu 100 Waggons langen Kette werden sie zum Pazifik gezogen – in den 700 Kilometer entfernten Exporthafen Vancouver. Dort wird nach 13 Stunden auch die Fahrt des Personenzuges enden.

Mini-Metropole Prince George: Sägemühlen und Einkaufszentren

Ausgangspunkt der Reise durch das landschaftlich reizvolle Binnenland von British Columbia ist die »Hauptstadt des Nordens«, wie sich die 70 000 Einwohner zählende Holzfällerstadt Prince George gern nennt. Obwohl sie nur im Zentrum des Bundeslandes liegt, hat sie damit nicht ganz unrecht. Denn

Viele Gebiete werden wieder aufgeforstet

dessen nördliche Hälfte, immerhin ein Gebiet von 450 000 Quadratkilometern und damit etwa so groß wie die (alte) Bundesrepublik Deutschland und die Benelux-Staaten zusammengenommen, teilen sich nur etwa 350 000 Menschen.

Prince George ist die größte Stadt im Norden der westlichsten kanadischen Provinz und dessen Verwaltungs- und Geschäftszentrum. Innerhalb von 30 Jahren schwoll ihre Bevölkerungszahl von 14 000 auf das heute Fünffache an. Die Holzindustrie war es, die der Mini-Metropole diesen Boom bescherte, doch das Stadtbild hat mit der Entwicklung kaum Schritt gehalten. Die Innenstadt besteht noch immer überwiegend aus ein- und zweistöckigen Häusern im Western-Stil, unterbrochen von wenigen unansehnlichen Verwaltungsgebäuden. Dutzende von Einkaufszentren gruppieren sich um Downtown – es scheint, als sei Shopping die liebste Beschäftigung der dort lebenden Menschen.

Obwohl seit 1991 auch Sitz der University of Northern British Columbia, ist Prince George eine Holzfällerstadt geblieben und eine Kommune, die ihre Vergangenheit kaum leugnen kann. Lange lag sie weit entfernt von weiterer Zivilisation, und aus dieser Zeit stammen der Hang der Menschen zum Individualismus und die Bereitschaft, Probleme selbst zu lösen und auf eigenen Beinen zu stehen. So ist es auch zu erklären, daß Prince George ein eigenes, halb-professionelles Sinfonieorchester besitzt, das zum großen Teil aus Spenden finanziert wird.

Dem Lauf des Fraser River folgend, rollt der Triebwagen gemächlich gen Süden, durch eine scheinbar endlose Waldlandschaft, die wie von Narben und frischen Wunden bedeckt wirkt. Ununterbrochen schleppen mächtige Lastwagen frisch geschlagene Baumstämme zu den Papiermühlen. Die Holzindustrie ist der größte Wirtschaftszweig in British Columbia, im Norden hängt jeder zweite Arbeitsplatz von ihr ab. Doch die kanadische Art der Holzfällerei entrüstet Umweltschützer immer mehr. Dem clear-cut-logging, also dem völligen Kahlschlag, fallen nicht nur die großen, kräftigen Baumstämme zum Opfer, sondern ganze Waldflächen werden der Einfachheit halber abrasiert und anschließend mit Setzlingen neu bepflanzt. Der Westen Kanadas zählt zu den Regionen der Erde, deren ökologische Schäden sogar vom Weltraum aus deutlich erkennbar sind.

Über bewaldete Hügel zurück in den Wilden Westen

Auch Quesnel (sprich: Kenell), die dritte Bahnstation auf dem Weg nach Süden, ist eine Holzfällerstadt. Sie lebt zudem von Touristen, die vor allem wegen des eine Fahrtstunde entfernten Barkerville anreisen. Über bewaldete Hügel und durch enge Schluchten führt der Weg in diese Stadt aus der Epoche des Goldrausches – ein Schritt zurück in die Zeit des Wilden Westens.

Farm bei Williams Lake

Zeltplatz im Bowron Lake Provincial Park

Die nach dem britischen Goldsucher Billy Barker benannte Stadt wird von der Provinzregierung als Museumsdorf erhalten und gepflegt. Sie läßt keinen Zweifel daran, daß die Zeit des Goldrausches alles andere als romantisch war: Die Prospektoren lebten in armseligen Hütten, die Geschäftshäuser entlang der Main Street standen auf Stelzen, hochgelegte Bürgersteige schützten vor dem Schlamm, in dem die Stadt im Frühjahr und Herbst versank.

Eine Goldfüllung für nur fünf Dollar

Barkerville bot seinen Bewohnern jedoch auch einen bescheidenen Luxus. Es gab eine Zeitung, die »Cariboo Sentinel«, und eine Bücherei. Eine eigene Brauerei belieferte die Kneipen und die chinesischen Restaurants. Gegenüber der Post lag der Friseurladen, in dem W. D. Moses für eine Therapie gegen Haarausfall warb, und neben dem St. George Saloon versprach Dr. Jones,

Buschflugzeug auf dem Muncho Lake

Zähne ohne Schmerzen zu ziehen oder mit Gold zu füllen. Fünf Dollar kostete die Behandlung.
Vorbei an einsam in den Hügeln des Cariboo Country liegenden Farmen, folgt der Zug in Richtung Vancouver über weite Strecken dem Fraser River. Der in den Rocky Mountains entspringende, 1370 Kilometer lange Fluß (s. Kap. 7) ist bis heute die Lebensader des kanadischen Westens. Benannt wurde er nach Simon Fraser, einem Trapper der North West Company, der ihn 1808

Nordlicht über Dawson Creek

**An der »Mile 0« in Dawson Creek beginnt der berühmte Alaska Highway. Aus Furcht vor einer japanischen Invasion ließ die US-Regierung den Alaska-Canada Military Highway (Alcan) innerhalb weniger Monate durch die Wildnis schlagen, Tausende von Soldaten bauten täglich acht Kilometer Piste durch Berge und Schlamm. Anstatt die direkte Strecke zu nehmen, verband die Straße bereits existierende Flugplätze in Fort St. John, Fort Nelson, Watson Lake und Whitehorse.
Noch heute ist der Alaska Highway die einzige Straßenverbindung zwischen Südkanada und dem Yukon sowie weiter nach Alaska. Im Sommer sind dort viele Reisende unterwegs, doch wer die Strecke im Winter fährt, erlebt stundenlange Einsamkeit.**

Holzfällercamps werden häufig aus der Luft versorgt

Wie im Wilden Westen: Einkaufsstraße in Prince George

als erster Weißer bis zum Pazifik befuhr. Obwohl der Fraser River ein attraktiver Kandidat für die Stromerzeugung durch Wasserkraft ist, wurde er nie durch Dämme eingeschränkt. Pläne, ihn aufzustauen, scheiterten am Widerstand von Menschen, die sich für den Lebensraum der Lachse engagierten: Über 3,5 Millionen dieser Fische kehren jedes Jahr aus dem Pazifik zurück, um im Oberlauf des Flusses zu laichen. Überall an seinen Ufern haben Indianer kleine Plateaus gebaut, von denen aus sie wie ihre Vorväter vorbeiziehende Fische fangen.

Wer die Einsamkeit des Nordens erleben möchte, wird sich vom Verkehrskreuz Prince George mit dem Auto aufmachen: gen Westen über den Yellowhead Highway nach Prince Rupert am Pazifik oder nach Norden in Richtung Dawson Creek und von dort auf dem Alaska Highway in das Yukon Territory. Eine beliebte Rundfahrt führt über den Yellowhead Highway 16 nach Kitwanga etwas westlich von New Hazelton, von dort nördlich über den Cassiar Highway 37 nach Upper Liard im Yukon und zurück über den Alaska Highway 97 und den John Hart Highway 97 nach Prince George.

Kunst und Totempfähle: Kultur der Gitskan und Haida

Inzwischen sind die Straßen im Nordwesten Kanadas überwiegend recht gut ausgebaut, doch die 2600 Kilometer lange Fahrt durch die Wildnis ist nur mit einem guten Auto anzuraten. Durch ausgedehnte Nadelwälder führt die Reise zunächst nach Westen, vorbei an Vanderhoof, wo eine Straße zum alten Fort St. James der Hudson's Bay Company abzweigt. Entlang einsam gelegenen Seen und durch die landwirtschaftlich genutzte, sanft geschwungene Hügellandschaft um den kleinen Ort Smithers erreicht man schließlich New Hazelton, wo im 'Ksan Indian Village Museum sieben Häuser und etliche Totempfähle mit der Kultur der Gitskan-Indianer bekanntmachen. Dieser Stamm ist noch heute berühmt wegen seiner Kunstgegenstände: Masken, Kisten und sogar Haushaltsgegenstände zeichnen sich durch feine Schnitzarbeiten aus.

Wer sich für indianische Kultur interessiert, wird auch die Haida-Dörfer auf den Queen Charlotte Inseln (Haida

Ehemaliger Handelsposten der Northwest Co.

In Dawson Creek beginnt der Alaska Highway

Strahlende Sieger im Goldwasch-Wettbewerb

 Gwaii) besuchen, einer kaum bewohnten Inselgruppe im Pazifik vor Prince Rupert. Gegenwärtige Architektur und Kulturgegenstände werden dort im traditionellen Stil hergestellt und gepflegt. Bei Wanderungen stößt man zudem immer wieder auf verlassene oder vor kurzem wiederbesiedelte Indianersiedlungen und auf Totempfähle der Haidas, sogar entlang den Stränden. Ihre Schnitzereien erzählen von der Abstammung der Haida-Clans (Familien) und von Legenden.

Queen Charlotte Islands – »Galapagos des Nordens«

»Galapagos des Nordens« werden Graham Island und Moresby Island sowie einige Dutzend weitere Inseln gern genannt, die die Queen Charlotte Inselgruppe bilden. Nicht zu Unrecht, wie die außerordentliche Vielfalt von Pflanzen und Tieren in diesem einzigartigen Ökosystem beweist. Hohe Niederschläge sind die Voraussetzung für einen dichten Regenwald, dessen bis zu 80 Meter hohe Bäume von dichten, stets nassen Moosen und Flechten umwuchert werden.

Die stark bedrohten Weißkopf-Seeadler finden vor allem im südlichen Bereich von Moresby Island Schutz, unter anderem in der Gwaihaanas Heritage Site im südlichen Teil des Archipels und im GuuGusd Tribal Park. Zählungen ergaben dort statistisch 1,3 Horste pro Kilometer. Intensiv leuchtende Seeanemonen und bis zu 80 Zentimeter große Seesterne leben an und zwischen den Klippen.

Cassiar Highway: drei kleine Siedlungen auf 580 Kilometer

Wie das Binnenland sind aber auch die Queen Charlottes nicht sicher vor der industriellen Nutzung. Mit schweren Maschinen rasieren Holzfäller auf ihnen die bewaldeten Hügel ab; nur der südliche Teil von Moresby Island steht unter Schutz.

Auf dem Weg über den Cassiar Highway 37 in den Norden von British Columbia beschert ein Abstecher nach Steward ein besonderes Naturerlebnis: Auf halbem Weg reicht die Straße direkt an den Bear Glacier, zu weiteren Gletschern in Alaska führen von der Grenzstadt Bus- und Bootsausflüge.

Völlige Einsamkeit erwartet Reisende am Kinaskan Lake

Von Kitwanga zieht sich der Cassier Highway in den Yukon

Canyon des Bulkey River bei New Hazelton

Nur drei winzige Orte säumen weiter nördlich die fast 580 Kilometer lange Strecke auf dem Cassiar Highway bis in den Süden des Yukon Territory. Iskut, Dease Lake und Telegraph Creek bestehen aus kaum mehr als einer Handvoll Motels, Tankstellen mit Werkstätten und ein paar Geschäften und Wohnhäusern. Mount Edziza und das Spatsizi Plateau bieten gut ausgerüsteten Wanderern die Möglichkeit, tagelang keine Menschenseele zu sehen.

Wenige Kilometer westlich von Upper Liard stößt der Cassiar Highway auf den 2446 Kilometer langen Alaska Highway; US-Soldaten bauten ihn aus Furcht vor einer japanischen Invasion in Alaska im Zweiten Weltkrieg in der Rekordzeit von acht Monaten und 12 Tagen. Der Militärpfad entwickelte sich in den darauffolgenden Jahrzehnten zur Schlagader des Nordens und ist deutlich verkehrsreicher als der Cassiar Highway.

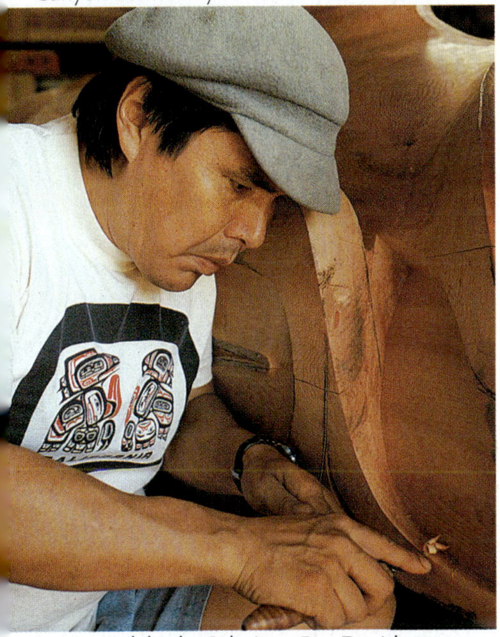

In Masset lebt der Schnitzer Reg Davidson

'Ksan Indian Village

Dichter Regenwald bedeckt Teile der Queen Charlotte Islands

Wer von Prince George westlich fährt und die Queen Charlotte Islands besucht, wird häufig Totempfähle sehen. Die geschnitzten Baumstämme zeigen in der Regel verschiedene Tiere und sind Teil eines Systems zur Klassifizierung von Indianern, meist von verschiedenen Familien. Die Ureinwohner benutzten die Tierarten, um ihre Mitgliedschaft zu einer Gruppe zu beschreiben und ihre enge Bindung zu den Tieren darzustellen. Die Pfähle erzählten zudem die Familiengeschichte und ersetzten durch ihre Symbolkraft lange Zeit die geschriebene Sprache.

Dicke Stämme türmen sich auf den Lastern

Durch die langweiligen Kleinstädte Fort St. John und Dawson Creek führt der Weg zurück nach Prince George, stets begleitet von Lastwagen, auf denen sich dicke Baumstämme türmen. Wie üblich hängt über der »Hauptstadt des Nordens« der stechende Geruch der Papiermühlen. Mit einem langen Pfeifton kündigt ein Güterzug seine Abfahrt in Richtung Küste an.

REISE-INFO *NÖRDLICHES BRITISH COLUMBIA*

Prince George

Karte: Planquadrat A 4.
Selbsternannte Hauptstadt des Nordens, 70 000 Einwohner.
Anreise: Flugverbindung mit Vancouver und weiteren Orten in B. C. Tägliche Bahnverbindung mit Vancouver (B. C. Rail, Bahnhof etwa vier Kilometer außerhalb, Buszubringer) sowie nach Prince Rupert und Jasper. Greyhound-Busse in alle Richtungen.
Sehenswürdigkeiten: Das Fraser-Fort George Regional Museum im Fort George Park am Queensway präsentiert die Geschichte der Stadt und des nördlichen B. C. Täglich Führungen durch die Sägemühlen und Zellstofffabriken Northwood Pulp and Timber sowie North Central Plywoods. Information im Touristenbüro. Schöne Aussicht vom Connaught Hill Park in der Stadtmitte.
Unterkunft: Gute Auswahl von meist einfachen Hotels und Motels. Mehrere Campingplätze, vorwiegend am Hwy. 97 und 16 West.
Information: Travel Infocentre, Tourism Prince George, 1198 Victoria Street, Tel. (6 04) 5 62 - 37 00.

Quesnel

Karte: Planquadrat B 5.
Holzfällerstadt am Goldrush Trail, 23 000 Einwohner.
Anreise: Flugverbindung mit Vancouver und anderen Orten in B. C. Zug von Prince George und Vancouver.
Sehenswürdigkeiten: Restaurierter Hudson's Bay Company-Laden (Baujahr 1881) an der Front Street/Carson Avenue. Alte Fraser-Brücke.
Unterkunft: Gute Auswahl an Motels. Empfehlenswert das gepflegte Good Knight Inn, 176 Davie Street, Tel. (6 04) 9 92 - 21 87.
Ausflüge: Durch das Bergland des sogenannten Cariboo Country in die 90 Kilometer entfernte Goldgräberstadt Barkerville aus der Mitte des 19. Jahrhunderts.
In deren Nähe der Bowron Lake Provincial Park. Die 116 Kilometer lange Seenkette kann mit Kanus in mehreren Tagen befahren werden. Information: Ministry of Lands, Park and Housing, Parks and Outdoor Recreation Division, 1011 4th Avenue, Prince George, B. C. V2L 3H9, Tel. (6 04) 5 65 - 62 70.

Die Berglandschaft zwischen Quesnel und Williams Lake bietet eine Vielzahl von Wandermöglichkeiten und im Winter Gelegenheit zum Ski-Langlauf. Südlich von Williams Lake am Highway 97 mehrere historische Rasthäuser entlang der früheren Handels- und Versorgungsroute gen Norden. Das 70-Mile-House, 93-Mile-House, 100-Mile-House und 108-Mile-House (eine Ranch) geben die Entfernung vom Umschlagsplatz Lillooet an.
Information: Quesnel and District Travel Infocentre, 703 Carson Avenue, Tel. (6 04) 7 47 - 22 44.

Highway 20, Bella Coola

Karte: Planquadrat C 2.
Bei Williams Lake vom Highway 97 abzweigende, nur zum Teil befestigte Straße zur Westküste.
Anreise: Flugverbindung mit Wilderness Airline zwischen Hagensborg und Vancouver. Telefon in Vancouver (6 04) 2 76 - 26 35, in Bella Coola (6 04) 9 82 - 22 25. Ansonsten mit dem Auto.
Sehenswürdigkeiten, Unterkunft: Der Hwy. 20 führt durch weitgehend unverfälschte Wildnis. Entlang der 500 Kilometer langen Strecke gibt es aber mehrere kleine Orte und Servicebetriebe: Hanceville, Alexis Creek, Redstone, Chilanko Forks und Tatla Lake. Dort teilweise auch Campingplätze und Motels (s. Allgemeine Reise-Informationen, Unterkunft).

Totempfahl in New Hazelton

In mehreren Orten entlang dem Highway 20 starten Charterflugzeuge zu Rundflügen über die grandiose Wildnis der Küstenberge. Angeboten werden auch geführte Wanderungen durch diese Region.
Kurz vor Hagensborg zweigt eine Schotterstraße in die Berge ab; sie führt entlang mehreren Wasserfällen und Gletschern.
Information: Tourism Bella Coola Travel Infocentre, Tel. (6 04) 7 99 - 59 19.

Yellowhead Highway, Prince Rupert

Karte: Planquadrat **Ü** D 2.
Von Prince George an den Pazifik führende Straße, Teil des Yellowhead Highway 16 von Winnipeg nach Prince Rupert.
Anreise: Flugverbindung zwischen Prince Rupert, Smithers sowie Terrace und Prince George, nach Vancouver und anderen Orten der Provinz. Zug (VIA-Rail) von Prince Rupert parallel zum Highway 16 nach Prince George und weiter nach Jasper. Greyhound-Busverbindung. Fähre von Prince Rupert nach Port Hardy auf Vancouver Island (Inside Passage) sowie nach Bellingham im US-Bundesstaat Washington (s. Allgemeine Reise-Informationen, Verkehrsmittel).
Sehenswürdigkeiten: Die Fahrt auf dem Highway 16 führt durch teilweise land- und forstwirtschaftlich genutzte, teilweise unverfälschte Landschaft. Viele Wandermöglichkeiten. Eine Vielzahl von Seen und Flüssen geben die Möglichkeit zu Bootstouren und zum Angeln, besonders in der Region um Burns Lake.
Eine Fahrtstunde nördlich von Vanderhoof ist Fort St. James ein authentischer Handelsstützpunkt der Hudson's Bay Company aus dem 19. Jahrhundert.
New Hazelton ist bekannt für sein 'Ksan Indian Village, ein Museum, in dem das Leben und die Kultur der Gitskan-Indianer authentisch dargestellt werden.
Die Geschichte der Indianer lernen auch Besucher von Prince Rupert kennen; Bootstouren und Rundgänge führen zu ihren Kulturstätten.
Ausflüge mit Charterbooten entlang der zerklüfteten Küste.
Unterkunft: Motels und Campingplätze in allen Orten entlang dem Highway

Fähranleger in Skidegate auf den Queen Charlotte Islands

16 und in Prince Rupert (s. Allgemeine Reise-Informationen, Unterkunft).
Information: Mehrere Travel Infocentres entlang dem Weg. In Prince Rupert: Travel Infocentre, 1st Avenue/McBride Street, Tel. (6 04) 6 24 - 56 37.

Queen Charlotte Islands

Karte: Planquadrat **Ü** D 1.
Wegen des Reichtums von Flora und Fauna gern als »Galapagos des Nordens« bezeichnete Inselgruppe.
Anreise: Tägliche Flugverbindung mit Canadian Airlines von Vancouver nach Sandspit, zudem Flugverbindung mit Wasserflugzeugen von Prince Rupert (North Coast Air, Tel. [6 04] 6 27 - 13 51). Im Sommer mindestens fünfmal wöchentlich Fähre von Prince Rupert (B. C. Ferry Corporation, Telefon in Vancouver [6 04] 6 69 - 1211). Häufige Fährverbindung zwischen den Inseln.
Sehenswürdigkeiten: Der gemäßigte Regenwald sowie alte Dörfer und historische Stätten der Haida-Indianer, darunter Totempfähle. Die Queen Charlotte Islands sind für Ornithologen ein Paradies.
Unterkunft: Begrenzte Auswahl (s. Allgemeine Reise-Informationen, Unterkunft).
Information: Queen Charlotte City Travel Infocentre, Tel. (6 04) 5 59 - 4742. Informationen, auch über Charterboote, Wetterbedingungen, Sehenswürdigkeiten in der Broschüre »How to do: The Queen Charlotte Islands«, anzufordern bei der North by Northwest Tourism Association, s. Allgemeine Reise-Informationen, Adressen.

Cassiar Highway

Karte: Planquadrat **Ü** C 2.
Von Terrace nördlich in das Yukon Territory führender, einsamer Highway 37.
Anreise: Mit dem Auto.
Sehenswürdigkeiten: Die Wildnis des nördlichen British Columbia. Bei Steward am Highway 37a der Salmon Glacier und weitere Eismassen wie der Bear Glacier. Dorthin Bus- und Bootstouren von Steward.
Wildnis- und Wandergebiete sind auf dem Weg in Richtung Yukon der Mount Edziza und das Spatzisi Plateau.
Unterkunft: Wenige Motels und Campingplätze sowie Tankstellen, Werkstätten und kleine Läden in den abgelegenen Orten Dease Lake, Iskut und Cassiar. Bessere Auswahl in Watson Lake am nördlichen Ende des Cassiar Highway.
Information: Travel Infocentre, 4511 Keith Avenue, Steward, Tel. (6 04) 6 35 - 20 63; Tourist Information in Watson Lake im Yukon Territory.

Alaska Highway

Karte: Planquadrat **Ü** D 3 – **Ü** B 1.
Im Zweiten Weltkrieg gebaute, 2450 Kilometer lange Fernstraße von Alaska nach Dawson Creek.
Anreise: Flugverbindung von Dawson Creek und Fort St. John nach Vancouver. Busservice mit Greyhound. Am besten mit dem Auto.
Sehenswürdigkeiten: Auch hier das Bergland mit seiner Wildnis. Entlang der Strecke von Watson Lake im Yukon Territory und Dawson Creek sowie dem John Hart Highway nach Prince George viele Provinzparks mit Zeltplätzen. Landschaftlich besonders schön ist der Highway 29 zwischen Chetwynd und Fort St. John.
In Fort Nelson das Historical Museum (Geschichte der Indianer und des Alaska Highway, geöffnet von Juni bis September). Fort St. John ist eine der ältesten Siedlungen in B.C. Sehenswert dort das Museum (täglich geöffnet bis auf Sonntage im Winter). In Dawson Creek markiert ein großes Schild den Beginn des Alaska Highway.
Unterkunft: Gute Auswahl an Motels in Dawson Creek und Fort St. John, einige in Fort Nelson und weiteren kleineren Orten. Viele Campingplätze.
Information: Dawson Creek Tourist Infocentre, 900 Alaska Avenue, Tel (6 04) 7 82 - 95 95. Fort St. John and District Travel Infocentre, 9323-100th Street, Tel. (6 04) 7 85 - 60 37. Watson Lake: Alaska Highway Interpretive Centre, Alaska Highway/Ecke Campbell Highway, Tel. (4 03) 5 36 - 74 69. Alle Büros und weitere Info-Zentren entlang der Strecke geben auch Hinweise über Wetter- und Straßenverhältnisse.

Die Goldsucher in Barkerville unterhielten einst eigene Stallungen

YUKON

Einträgliche Geschichte: der Goldrausch am Klondike

Ungeheure Strapazen erwarteten Abenteurer, die vor 100 Jahren dem Lockruf des Goldes an den Klondike folgten. Noch heute ist das Yukon Territory im hohen Norden Kanadas ein menschenleeres Land. Viele Siedlungen sind nur mit dem Flugzeug erreichbar, und im Winter wird der Motorschlitten zum häufig benutzten Verkehrsmittel.

Bei Dawson City mündet der Klondike in den Yukon River

Viele der alten Holzhäuser. . .

. . . sind restauriert worden

Auf den Spuren von Jack London an den Klondike: Viele nehmen im Sommer die lange Anreise aus dem Süden in Kauf, um ein wenig vom Geruch des Goldrausches zu schnuppern.
Wenn der Boden im Herbst wieder hartfriert und die Temperaturen bald weit unter den Gefrierpunkt fallen, verwaist Dawson City. Wie geschickt die Menschen mit der Kälte umgehen, zeigt der »Brückenbau«: Auf den zugefrorenen Yukon River pumpen sie so lange Wasser, bis die »Eisbrücke« selbst schwere Lastwagen trägt.

Alter Laden der Alaska Northern Co. im Infocentre

Nichts, was es nicht gäbe: Dawsons Kramladen

Im Winter fällt das Thermometer bis unter 35 Minusgrade

Noch wenige Minuten bis Dawson. Langsam rückt die menschenleere Berglandschaft des Yukon Territory näher. Eine knappe Kurve nach links, der ein scharfer Schwenk über die rechte Tragfläche in ein langgestrecktes Tal folgt. Der Flugplatz ist kaum zu erkennen. Eine Piste, markiert von vier roten Lampen an den Ecken, und ein Schild: Dawson City, 1207 Fuß über dem Meeresspiegel.

Kaum ist die Tür geöffnet, schlägt den fünf Passagieren und dem Piloten eisige Luft entgegen. Das Thermometer steht an diesem Tag auf 43 Grad unter Null. Das sei dort im Winter ganz normal, bemerkt Hotelier Jon Magnussen lächelnd, als er seinen klapprigen Lieferwagen auf die schneebedeckte Landstraße lenkt. Autos sind mit Motorheizungen ausgerüstet und werden bei längerem Stillstand an das Stromnetz der Häuser angeschlossen; die Motoren vieler Lastwagen werden im Winter gar nicht erst abgestellt, und die Holzhäuser sind besonders gut isoliert und beheizt. Das sind Annehmlichkeiten, von denen Zehntausende von Goldsuchern nur träumen konnten, als sie vor fast 100 Jahren in den kaum erschlossenen Norden Kanadas pilgerten.

Gold! Wie ein Lauffeuer breitete sich im Frühsommer des Jahres 1897 in Nordamerika die Nachricht aus, daß Schürfer am Klondike auf fast faustgroße Nuggets gestoßen waren. Buchhalter ließen ihre Bleistifte fallen, Friseure ihre Kunden im Stich, und sogar der Bürgermeister von Seattle quittierte seinen Job, um sich auf den Weg in den unbekannten Nordwesten Kanadas zu machen.

Über 100 000 Menschen rafften in diesen Monaten ihre Habseligkeiten zusammen und rüsteten sich aus für den großen Treck. Alle suchten schnellen Reichtum, doch nicht einmal die Hälfte der Abenteurer kam an, und nur wenige brachten es zu Wohlstand.

»Gold! Gold! Gold! Gold! Gelbes Metall stapelweise«

Dawson City, das Zentrum des von Jack London in seinem Buch »Lockruf des Goldes« so eindrucksvoll beschriebenen Goldrausches am Klondike, lebt heute von der Vergangenheit. Teile der 800 Einwohner zählenden Stadt, 270 Kilometer südlich des Polarkreises an der Einmündung des Klondike in den Yukon River gelegen, stehen unter Denkmalschutz. Aus den gepflegten Hotels und Saloons glaubt man manchmal das Klimpern der Klaviere und den Gesang aus rauhen Männerkehlen zu hören, und im Sommer fliegen wie früher die Röcke beim Cancan im Diamond Tooth Gertie's – für die 70 000 Touristen, die, dem Mythos der Vergangenheit folgend, in jedem Jahr durch die einsame Landschaft nach Dawson reisen.

Es war der Abend des 16. August 1896, als George Carmack und seine indianischen Verwandten Tagish Charley und Shookum Jim ihr Lager am Rabbit Creek aufschlugen und – wie in den Monaten zuvor – begannen, Sand und Kies auszuwaschen. Nach kurzer Zeit stießen sie auf eine reiche Goldader, eilten am nächsten Tag in die Siedlung Fortymile, um ihren claim anzumelden – und plauderten ihr Geheimnis aus.

Es dauerte ein Jahr, bis die Kunde die Außenwelt erreicht hatte. Am 16. Juli 1897 legte das Dampfschiff »Portland« im Hafen von San Francisco an. An Bord waren 68 Prospektoren und zwei Tonnen Gold, wie es hieß. »Gold! Gold! Gold! Gold! Gelbes Metall stapelweise«, titelte die Zeitung »The Seattle-Post-Intelligencer« im US-Bundesstaat Washington am darauffolgenden Tag.

Im Tooth's Gerties leben im Sommer die alten Zeiten wieder auf

Das reichte, um die Massen zu mobilisieren, darunter viele durch eine Wirtschaftskrise arbeitslos gewordene Menschen. Auf drei Routen machten sich die Abenteurer auf den Weg: Die erste und teuerste führte per Schiff nach Alaska und von dort den Yukon hinauf nach Dawson. Der Landweg über Edmonton war lang und beschwerlich (s. Kap. 8), so daß die meisten die dritte Alternative wählten: Sie führte per Schiff die kanadische Westküste entlang nach Skagway in Alaska, von dort zu Fuß über den Chilkoot Paß nach Bennet und dann meist auf Flößen den Yukon stromab nach Dawson.

Weite Strecken fließt der Yukon durch unverfälschte Wildnis

Saloons und Spielhallen im »Paris des Nordens«

In weiser Voraussicht machte die kanadische Regierung den Goldsuchern zur Bedingung für die Einreise, Vorräte für ein Jahr mitzubringen. Über eine Tonne Fracht kam so zusammen, darunter 200 Kilogramm Mehl, jeweils 50 Kilogramm Zucker und Bohnen, getrocknetes Obst, Tee, Kaffee und Salz sowie Fleisch.

Raststätte

Der Fox Lake am Klondike Highway

In einem Winter, in dem die Temperaturen bis unter minus 40 Grad sanken, mußten alle Vorräte auf den 1200 Meter hohen Chilkoot Paß geschafft werden. Bis zu dreißigmal balancierten die Männer schmale Pfade entlang und bewältigten 1000 in das Eis geschlagene Stufen. Wer ausrutschte, benötigte manchmal Stunden, um sich wieder in die Reihe der nach Gold Gierenden einzugliedern.
In dieser Zeit entwickelten sich zuvor unbedeutende Siedlungen zu Städten:

Hinter Haines Junction erheben sich die St. Elias Mountains

Bizarr und unzugänglich: die Tombstone Range in den Ogilvie Mountains

Unterspülungen machen die Straßen im Norden häufig unpassierbar

Lange Zeit waren Flüsse die einzigen Verkehrswege im Norden. Wer heute auf den meist gut ausgebauten Schotter- oder Asphaltstraßen unterwegs ist, muß sich immer wieder auf Überraschungen einstellen und möglicherweise umkehren.
Nicht ungefährlich sind Autofahrten im Winter, wenn Hilfe erst nach Stunden zu erwarten ist.

Skagway, Bennet und Whitehorse, heute die Hauptstadt des Yukon Territory. Und natürlich Dawson City, mit 30 000 Einwohnern nach Winnipeg und San Francisco für kurze Zeit die größte Stadt des amerikanischen Westens. »Paris des Nordens« wurde sie genannt, und in der Tat bot sie erfolgreichen Schürfern reichlich Entschädigung für die monatelange Schufterei im Permafrostboden, im Sommer umschwirrt und zerstochen von Myriaden von Mücken: Theater und Kinos, Saloons, Spielhallen und Restaurants, in denen Champagner und Austern serviert wurden.

Der Boom hielt nur ein Jahr, dann zogen die Schürfer zurück nach Hause oder weiter nach Nome in Alaska, wo neues Gold gefunden worden war. Dawson fiel in einen langen Schlaf, aus dem es erst durch den Tourismus geweckt wurde.

Der Weg der Schürfer ist heute ein beliebtes Abenteuer. Wanderer machen sich im Sommer auf die Spuren der Goldsucher und erklimmen den Chilkoot Paß, oder sie paddeln im Kanu den Yukon hinab, von Whitehorse bis zur Einmündung des Klondike. Zwei Wochen dauert diese Tour durch weitgehend unberührte Natur.

Yukon Quest: Jaulend jagen die Hunde durch die Kälte

In der Ferienzeit ist der Yukon ein beliebtes Reiseziel, doch in der kalten Jahreszeit sind die Einheimischen meist unter sich. Nur im Februar, wenn das Thermometer häufig auf weit unter minus 30 Grad fällt, erwacht Dawson für wenige Tage aus dem Winterschlaf. Von jaulenden und keuchenden Huskies gezogen, rasen dann die Hundeschlitten durch das Nest. Sie sind auf dem Weg von Fairbanks in Alaska nach Whitehorse. 1600 Kilometer legen die Teams im Yukon Quest, einem der härtesten Hundeschlittenrennen überhaupt, zurück, gequält von Eis und Schnee und bitterer Kälte, die die Zehen erfrieren läßt. Die längste Strecke ohne Kontrollstation und Hilfe reicht von Dawson in die Siedlung Carmacks 465 Kilometer südlich. Bis zu 150 Kilogramm Gewicht müssen die Hunde ziehen, das meiste ist ihr eigenes Futter.

Die Einsamkeit ist eines der größten Probleme für die Männer und Frauen, denn der Yukon gehört zu den am dünnsten besiedelten Regionen weltweit. Nur etwa 30 000 Menschen verlieren sich in einem Gebiet von der doppelten Größe der (alten) Bundesrepublik, fast zwei Drittel von ihnen leben in der modernen und wenig sehenswerten Hauptstadt Whitehorse.

Wer im Yukon unterwegs ist, fährt oft Stunden, ohne andere Menschen zu sehen. Besonders im hohen Norden, auf dem Dempster Highway. Von Dawson aus führt diese Straße durch die Tundra in Richtung Eismeer und endet gut 700 Kilometer später in Inuvik am Delta des Mackenzie-Flusses, der wenig nördlich in die Beaufort See mündet. Nur das Eagle Plains Hotel auf halbem Wege und die Siedlung Fort McPherson, bereits in den Northwest Territories, unterbrechen die 12- bis 14stündige Reise durch die Einsamkeit. Wer die Fahrt unternimmt, erhält einen überwältigenden Eindruck von der Weite dieses Landes und überquert dazu den Polarkreis, auf den ein halbkreisförmiges Schild am Straßenrand hinweist: Arctic Circle, Lat. 66° 33′ N.

Seitental des Kaskawulsh Valley

Der hohe Norden ist die Heimat der Grizzlybären und Vielfraße, der Wölfe, Moschusochsen und der Karibus. Eine der weltweit größten Gemeinschaften dieser zähen nordamerikanischen Rentiere, die 165 000 Köpfe zählende sogenannte Porcupine-Herde, lebt im Nordwesten des Kontinents. Die meiste Zeit

Zwei Gletscherströme: der Kaskawulsh Glacier im Kluane National Park

Auch im Hochsommer liegen die St. Elias Mountains unter einer dicken Schneedecke

Endlose Weite: der Dempster Highway nördlich von Dawson City

Im Sommer erwacht die Polargegend rasch zum Leben

Endlos weit zieht sich der Dempster Highway durch die Tundra von Dawson City bis Inuvik nahe der Beaufort-See. Eine Versorgung mit Lebensmitteln und Ersatzteilen gibt es nur in Eagle Plains, Fort McPherson und Inuvik, dazwischen liegen 726 Kilometer Wildnis.
Natur pur bietet auch der Kluane National Park in den St. Elias Mountains in der südöstlichen Ecke des Yukon Territory. Das Naturschutzgebiet, Kanadas größter Bergpark, ist von der Unesco zum Erbe der Menschheit erklärt worden.

des Jahres halten sich die Tiere im Yukon auf, nur im Sommer wandern sie für wenige Monate an die Nordostküste Alaskas. Dort werden die Jungtiere geboren, und im Seewind finden die Tiere Schutz vor den aggressiven Mücken. Ohne diese Zuflucht fehlte den Karibus die Kraft, die arktischen Winter zu überleben.
Die Ölförderung im Norden Alaskas könnte die Herde in ihrem Bestand bedrohen. Biologen befürchten, daß die mögliche Ausweitung der Ölgewinnung von der Prudhoe Bay ostwärts den Tieren ihre Wanderung in das Sommergebiet erschweren oder sogar unmöglich machen könnte.

Buschpiloten versorgen die abgelegenen Siedlungen

Das hätte nicht nur gravierende Folgen für das biologische Gleichgewicht des kanadischen Nordwestens, sondern auch für dort lebende Indianer. Die in isolierten Siedlungen wie Old Crow, Fort McPherson oder Aklavik wohnenden Menschen sind in ihrer Lebensgestaltung von den Rentieren abhängig. Eine Einschränkung ihrer Jagdmöglichkeit würde nicht nur die selbständige Versorgung mit Nahrung gefährden,

Bei Haines Junction

sondern auch eine alte Tradition beenden. Die Jagdtechnik ist bisher von Generation zu Generation weitergegeben worden, und die fast vollständige Nutzung der Tiere zur Herstellung von Kleidung, Werkzeugen und Kunstgegenständen ist ein Bestandteil der indianischen Kultur.
Das weitab aller Zivilisation gelegene Old Crow im Nordwesten des Yukon Territory ist auch ein gutes Beispiel für die Bedeutung des Flugverkehrs im

dünnbesiedelten Norden Kanadas. Buschpiloten bilden das Rückgrat für die Erschließung dieser Region; man sieht kaum einen Ort, auf dessen nahgelegenem See kein Wasserflugzeug vertäut liegt. Auf ihren Flügen sind die erfahrenen Piloten in ihren Piper Chieftains, den Cheyennes, Cessnas oder den legendären DeHaveland »Otter« meist auf sich gestellt; sie kennen das Land und seine raschen Wetterwechsel. So passiert es immer wieder, daß die Buschpiloten unvorhergesehen auf Seen oder Flüssen landen, um dort Stürme oder Nebel abzuwarten.

Buschpiloten stellen die Versorgung der isolierten Siedlungen sicher und helfen bei Notfällen in kleinen Orten wie Faro, Ross River, Elsa oder Beaver Creek. Sie fliegen Touristen zu einsamen Seen, und sie transportieren vor allem dringend benötigte Ersatzteile zu in der Wildnis gelegenen Minen.

Lok No. 51 im McBride Museum

Die Brücke des Raddampfers Klondike

Farmer im Pick-up

Um die Weite kennenzulernen, entscheiden sich viele Reisende für eine gut 1400 Kilometer lange Rundfahrt; sie führt von Whitehorse auf dem Alaska Highway nach Haines Junction und weiter nach Tetlin Junction in Alaska, von dort über den Top of the World-Highway nach Dawson City und zurück nach Whitehorse über den Klondike Highway. In Haines Junction sind bereits die Städte Fairbanks und Anchorage ausgeschildert – sie liegen rund 800 Kilometer weiter westlich.

Wer von Whitehorse nach Haines Junction fährt, sieht lange vor dem kleinen Ort in der Ferne die Berge des Kluane

Easy Rider: die Innenstadt von Whitehorse

Manche Schilder hängen seit fast 50 Jahren in Watson Lake, seitdem haben sich weitere 12 000 Reisende dort verewigt.
Eine halbe Tagesreise westlich ist Whitehorse die größte Stadt entlang dem Alaska Highway, zwei Drittel der rund 30 000 Menschen im Yukon Territory leben in ihrer Hauptstadt. Vor 100 Jahren eine bedeutende Zwischenstation für Goldsucher auf dem Weg an den Klondike, ist die planmäßig angelegte Stadt heute das Versorgungszentrum für ein weites Hinterland.

Andenken an Touristen: 12 000 Schilder hängen bereits in Watson Lake

Kirche aus Baumstämmen: die Old Log Church in Whitehorse

National Parks aufragen. Besonders deutlich offenbart sich ihre Pracht, wenn sich die breit ausgebaute Straße kurz vor der Siedlung in einer langgestreckten Rechtskurve senkt.

Eindrucksvolles Naturreservat: der Kluane National Park

Der Kluane National Park zählt zu den eindrucksvollsten kanadischen Naturreservaten; die Unesco erklärte ihn zum World Heritage Site, zum Erbe der Menschheit. Ein 250 Kilometer langes Netz von Wanderwegen erlaubt einen Einblick in die Wildnis, doch der größte Teil des Parks ist kaum zugänglich und damit eines der wenigen verbliebenen Refugien für Tiere und Pflanzen.

Die Wildnis und das Gold sind die Attraktionen des Yukon Territory. Viele Reisende können der Versuchung nicht widerstehen und versuchen ihr Glück wie einst George Carmack und seine Freunde. Für die Betreiber des Goldgräbercamps in Dawson City ist dieses Vergnügen ein einträgliches Geschäft, doch zu Reichtum hat es bisher kaum ein Besucher gebracht. Denn die claims in der Umgebung der Stadt sind längst neu abgesteckt, große Bergwerks-Unternehmen beherrschen das Geschäft seit Ende der siebziger Jahre.

Mächtige Maschinen waschen das Gold aus dem Sand

Damals erfaßte ein neuer Goldrausch die Stadt am Klondike. Ausgerüstet mit mächtigen Maschinen und besten geologischen Kenntnissen gehen die modernen Prospektoren ans Werk; jedes Jahr fördern sie im Yukon rund drei Tonnen des Edelmetalls, in Minen und an Bächen. Raupen schieben den Sand an Uferböschungen in eine sluice box, eine Schleusenkammer, die das goldhaltige Gestein grob trennt. Einer überdimensionalen Goldpfanne gleich, übernimmt eine Zentrifuge dann die feine Reinigung.

Doch auch einzelne Schürfer versuchen weiterhin ihr Glück. Während die vielen Goldsucher vor fast 100 Jahren wie im Wahn das ganze Jahr über buddelten und selbst bei eisiger Kälte keine Ruhe fanden, ist die Saison für ihre modernen Nachfolger kurz. Ende September, wenn der Boden wieder hartgefroren ist, beginnt für sie die Winterpause.

Wegen seiner Weitläufigkeit bietet es sich an, das Yukon Territory mit dem Auto zu erkunden. Als Alternative zur weiten Anfahrt von Süden besteht die Möglichkeit, mit der Fähre von Bellingham (US-Bundesstaat Washington) oder von Prince Rupert, B.C., nach Skagway in Alaska zu reisen. Von dort sind es nur einige Kilometer bis zum Yukon (s. Allgemeine Reise-Informationen, Verkehrsmittel).
Ausführliche Hinweise enthält der Vacation Guide to Canada's Yukon, erhältlich bei Tourism Yukon, s. Allgemeine Reise-Informationen, Adressen.

Whitehorse

Karte: Planquadrat **Ü** B 1.
Seit 1953 Hauptstadt des Yukon Territory und mit rund 18 000 Einwohnern dessen größte Stadt.
Anreise: Tägliche Flugverbindung mit Edmonton und Vancouver sowie mit fast allen Orten im Yukon. Im Sommer tägliche, im Winter dreimal wöchentliche Busverbindung mit Edmonton und Vancouver (Greyhound, Tel. [4 03] 6 67-22 23). Busverbindung innerhalb des Yukon Territory mit Northline Coaches (u.a. nach Dawson City, Tel. [4 03] 6 68-33 55), North West Stage Lines (Tel. [403] 6 68-72 40), Mayo Taxi and Bus Service (Tel. [4 03] 9 96-22 40) und Atlin Express zwischen Atlin, B.C. und Whitehorse (Tel. [6 04] 6 51-76 17).
Sehenswürdigkeiten: Raddampfer S.S. Klondike (Baujahr 1929), im Sommer Ausflüge auf dem Yukon River. Liegeplatz bei der Robert-Campbell-Brücke. Mit der Geschichte des Yukons machen bekannt das Old Log Church Museum in einer ehemaligen Kirche aus Baumstämmen an der Ecke 3rd Avenue/Elliot Street (geöffnet täglich im Sommer) und das MacBride Museum, 1st Avenue/Wood Street (im Sommer täglich, im Winter nur so geöffnet).
Rundgänge veranstalten im Sommer die Yukon Conservation Society (Schwerpunkt Natur, Tel. [4 03] 6 68-56 78) und die Yukon Historical and Museums Association (Geschichte, Tel. [4 03] 6 67-47 04).
Unterkunft: Gute Auswahl an Hotels und Motels, Durchschnittspreise um 50 Dollar/Nacht. Fünf Campingplätze in der unmittelbaren Umgebung der Stadt.
Ausgehen: Etliche Restaurants, überwiegend mit einfacher Küche.

REISE-INFO
YUKON

Ausflüge: Fahrten auf dem Yukon River mit der M.V. Schwatka (Atlas Tours, Westmark Whitehorse Hotel, Tel. [4 03] 6 68- 31 61) und mit der M.V. Anna Maria (Tel. [4 03] 6 67-28 73). Über den White Pass fährt auf den Spuren der Goldsucher der Zug »The White Pass & Yukon Route«. Information und Reservierung unter den Telefonnummern (9 07) 9 83-22 17 und 1-8 00-3 43-73 73 (gebührenfrei).
Souvenirs: Schnitzereien der Inuit aus Stein oder Knochen bei Northern Images, 4th Avenue/Jarvis Street.
Information: Whitehorse Visitor Reception Centre, 302 Steele Street, Tel. (4 03) 6 67-29 15. Geöffnet Mitte Mai bis Mitte September.

Dawson City

Karte: Planquadrat **Ü** B 1.
Einst Zentrum des Goldrausches am Klondike und bis 1953 Hauptstadt des Yukon Territory. 1000 Einwohner.
Anreise: Flugverbindung (Air North und Alkan Air) und Busverbindung mit Whitehorse (s. dort). Linienbus und Touren auf dem Dempster Highway nach Norden bis Inuvik mit Gold City Tours (Tel. [4 03] 9 93-52 61).
Sehenswürdigkeiten: Förderanlage Dredge 4 an der Bonanza Creek Road, täglich geöffnet vom 1. Juni bis 15. September. Die restaurierte historische Innenstadt von Dawson City, wie die alte Post (1901), Jack Londons Hütte, die Gaslight Follies, Harrington's Store, Diamond Tooth Gertie's Gambling Hall und die Banken. Zweimal täglich geführte Rundgänge ab Visitor Reception Centre. Es lohnt sich auch, einen Blick in den alten Dawson City General Store zu werfen; dort gibt es so gut wie alles zu kaufen.
Weitere kommerzielle Ausflüge, die teilweise Goldwaschen einschließen, sind in der Touristen-Information zu erfragen.
Über die Geschichte von Dawson City informiert das Museum an der Church Street/5th Avenue, täglich geöffnet zwischen Anfang Juni und Anfang September.
Unterkunft: Im Sommer gute Auswahl an Hotels und Motels. Empfehlenswert ist das freundliche Dawson City Bed & Breakfast, 451 Craig Street, Tel. (4 03) 9 93-56 49. Zwei Campingplätze mit insgesamt 180 Stell- und Zeltplätzen.
Ausgehen: Gute Auswahl an Restaurants. Nette Atmosphäre im Eldorado Hotel direkt in der Innenstadt. Im Sommer Shows im Stil der Jahrhundertwende mit Cancan-Tänzerinnen im Gaslight Follies, King Street (im Visitor Reception Centre rechtzeitig Karten besorgen), Glücksspiel in der Diamond Tooth Gertie's Gambling Hall, geöffnet im Sommer.
Ausflüge: Fahrt auf dem Top of the World-Highway in Richtung Alaska. Von oben schöner Blick auf Dawson.
Information: Visitor Reception Centre, Front Street/Ecke King Street, Tel. (4 03) 9 93-55 66, geöffnet von Mitte Mai bis Mitte September.

Winzige Nuggets, gewaschen aus Sand

Haines Junction, Kluane National Park

Karte: Planquadrat **Ü** B 1.
Ort am Alaska Highway, Ausgangspunkt für den Kluane National Park.
Anreise: Bus (North West Stage Lines) von Whitehorse (s. dort).
Sehenswürdigkeiten: Der Kluane National Park, von der Unesco als World Heritage Site (Erbe der Menschheit) eingestuft, ist eine beliebte Bergregion für Wildniswanderungen und Naturbeobachtungen. Im Info-Zentrum über Verhalten in der Natur informieren.
Unterkunft: Einige Motels und Campingplätze. Zelten kann man auch im Nationalpark.
Information: Visitor Reception Centre und Kluane Park Headquarters am Alaska Highway in der Ortsmitte, Tel. (4 03) 6 34-23 45.

Vom Gletscher geformt: das Kaskawulsh Valley im Kluane National Park

Administration Building in Dawson City

Rast vor dem General Store

Auf den Spuren von Jack London: Tausende besuchen Dawson im Sommer

Mit großem Aufwand hat die kanadische Bundesregierung viele der einst verfallenen Häuser von Dawson City restaurieren lassen. Gold wird in dieser Gegend noch immer gefunden, doch inzwischen hat sich der Tourismus zum bedeutendsten Wirtschaftszweig entwickelt.
Viele Reisende nutzen die Fahrt in den Nordwesten Kanadas für einen Abstecher nach Alaska: Eine der schönsten Routen ist der Top of the World-Highway von Dawson City nach Tetlin Junction.

Moderne Goldwäsche: die Gold Dredge No. 4 am Bonanza Creek

ROCKY MOUNTAINS

Grandiose Bergwelt mit Problemen

*Wildwasserfahren hat sich in den Rocky Mountains zu
einem beliebten Freizeitvergnügen entwickelt.
Es ist ein Beispiel für die Probleme, vor denen die Ranger
in den fünf Nationalparks stehen:
Der Schutz der Natur und ein zunehmender Strom
von Urlaubern stehen sich scheinbar
unvereinbar gegenüber.*

Es war ein sonniger, kühler Herbsttag, als der 26jährige Franklin McCabe, der gleichaltrige William McCardell und dessen jüngerer Bruder Tom sich aufmachten, die Umgebung ihres Lagerplatzes kennenzulernen. Die Canadian Pacific Railway hatte die von Osten kommende transkanadische Zuglinie bereits weit in die Rocky Mountains vorangetrieben. Freie Tage erlebten die Eisenbahnarbeiter nur selten; mußten sie einmal nicht schuften, nutzten sie die Zeit gern für Erkundungsgänge.
Kaum hatten die drei jungen Männer den Bow River unweit des heutigen Banff an diesem 8. November 1883 überquert und begonnen, den angrenzenden Berg zu besteigen, bemerkten sie einen starken Schwefelgeruch und einen immer wärmer werdenden Boden. Neugierig geworden, machten sie wenig später eine erstaunliche Entdekkung: ein dampfendes Wasserbecken, eine 13 Meter tiefe, warme Höhle und eine Reihe weiterer heißer Quellen.

Winterstimmung bei Exshaw

Banff – überragt vom Cascade Mountain

Rasch begannen sie, einen Zaun um die Anlage zu bauen, um von ihren Kollegen nach der Winterpause Eintritt für ein begehrtes heißes Bad zu kassieren. Die Rechnung der drei ging auf, doch nicht für lange. »Diese Quellen sind eine Million Dollar wert«, mit dieser Feststellung markierte Eisenbahnpräsident William Cornelius van Horne zwei Jahre später das Interesse seiner Canadian Pacific Railway, die Entdeckung selbst kommerziell zu nutzen. Die intensive Lobbyarbeit der Eisenbahner in der fernen Hauptstadt Ottawa führte dazu, daß die kanadische Regierung die Region um den Sulphur Mountain am 28. November 1885 zum ersten Nationalpark des Landes erklärte.

Natürlich beheizt: die Banff Hot Springs

Laß' Sonne scheinen! Angler am Pyramid Lake

Mount Stephen Hall – Ballsaal . . .

Der zunächst nur 26 Quadratkilometer große Rocky Mountain National Park sollte allen Menschen als Erholungsraum dienen; den größten Nutzen aus ihm zog zunächst jedoch die Canadian Pacific Railway, die ihre teure Eisenbahn mit dem zunehmenden Tourismus finanzierte. Bis 1915 war sie die einzige Verkehrsverbindung in den südlichen Bereich der Berge. Die Bundesregierung legte mit dem Naturreservat den Grundstein für ein System von heute 39 kanadischen Nationalparks, die gleichzeitig als Erholungsraum für Menschen und dem Schutz der Wildnis dienen.

Nationalparks für den Profit: Eisenbahn förderte Tourismus

Die Idee des Naturschutzes spielte vor 100 Jahren allerdings nur eine untergeordnete Rolle. Vier der fünf Parks in den kanadischen Rocky Mountains entstanden um die Jahrhundertwende, um den Eisenbahngesellschaften Canadian Pacific und Canadian National die kommerzielle Nutzung zu ermöglichen: Banff und Jasper, beide in der Provinz Alberta gelegen, sowie Yoho und Kootenay in British Columbia. Lediglich der Waterton National Park an der Grenze der USA wurde 1910 für Campingfreunde gegründet.
Immer wieder wurden dem Rocky Mountain National Park neue Abschnitte hinzugefügt, und besonders in der frühen Phase war es häufig die Canadian Pacific Railway, die das entsprechende Land zuvor ausgesucht hatte – selbstverständlich im eigenen Interesse, denn stärkerer Tourismus bedeutete auch mehr Profit. Im Jahr 1930 wurde der Rocky Mountain National Park in Banff National Park umgetauft; er umfaßt heute eine gut 6600 Quadratkilometer große Berglandschaft.

Banff Springs Hotel – Kulisse einer japanischen Seifenoper

Banff, jetzt ein modernes Städtchen mit 7000 Einwohnern, war Ende des letzten Jahrhunderts noch ein unbedeutendes Nest. Doch das sollte sich rasch ändern. Ein Dr. R. G. Brett ließ dort ein Sanatorium Hotel bauen, und die Canadian Pacific Railway errichtete im Stil eines Loire-Schlosses das erste Banff Springs Hotel. Der Nachfolgebau, ein schloßähnliches Grand-Hotel, überragt den

Als Bahnarbeiter vor 100 Jahren am Sulphur Mountain eine heiße Quelle fanden, war der Grundstein für den Tourismus in den kanadischen Rocky Mountains gelegt. Bald schaffte die Canadian Pacific Railway die ersten wohlhabenden Touristen heran und bot ihnen im Banff Springs Hotel eine angemessene Unterkunft.
Zu Hunderttausenden reisen Erholungssuchende heute nach Banff und Jasper, die meisten kommen mit dem Auto, doch noch immer ist die Bahnreise eine gute Möglichkeit, die grandiose Bergwelt zu erfahren.

. . . des legendären Banff Springs Hotel

Ferienort noch immer. Es zählt zum festen Besuchsprogramm vieler Reisender. Besonders beliebt ist es bei japanischen Touristen, seit eine Fernsehgesellschaft aus dem Land der aufgehenden Sonne dort eine soap opera, eine triviale Endlos-Serie, drehte.
Der Architekt des heutigen Banff Springs Hotel, der Autodidakt Walter S. Painter, schuf im Jahr 1914 an den heißen Quellen des Sulphur Mountain auch den Gebäudekomplex »Cave and Basin«. In dem bei der Eröffnung größten Schwimmbecken Kanadas erholen sich auch heute gern Besucher im schwefelhaltigen Wasser.
Jasper, Zentrum des mit fast 11 000 Quadratkilometern größten Nationalparks der Rocky Mountains, hinkte Banff lange Jahre hinterher. Zu Beginn des 20. Jahrhunderts erst kam dort die Eisenbahn an, und wer heute vom Tourismus in den Rockies spricht, meint natürlich in erster Linie Banff. Drei Millionen Besucher müssen Ort und Park jährlich verkraften.

Massentourismus und Naturschutz – ein Widerspruch?

Wer dagegen nach Jasper fährt, sucht weniger den Trubel, sondern Naturerlebnis und Einsamkeit der Berge. Weite Bereiche des Parks sind nicht durch Wanderwege erschlossen. Sie sind Wildnisgebiete und damit Refugien für Pflanzen und Tiere wie die gewaltigen Grizzlybären und ihre kleineren Vettern, die Schwarzbären, sowie für Ziegen, Bergschafe und Elche, deren größte Vertreter dort moose genannt werden.
Obwohl die Kette der Nationalparks ihnen einen ausreichend großen Lebensraum bietet, sind die Tiere nur bedingt geschützt. Da die Wälder rund um die Naturreservate kommerziell genutzt und abgeholzt werden, sind deren Randbereiche inzwischen auf Pfaden gut zugänglich – leider auch für Wilderer auf der Jagd nach Trophäen: Sie müssen außerhalb der Parkgrenzen nur auf wandernde Tiere warten. Dieses Problem macht den Wildhütern zunehmend zu schaffen.
Den Widerspruch zwischen Massentourismus und Naturschutz versucht die Nationalparkverwaltung zu lösen, indem sie die Reservate in Zonen aufteilt. Das Park-Management sieht fünf Kategorien vor: für Besucher weitge-

Wild und ungezähmt: die Athabasca Falls

Von Lake Louise nach Jasper erstreckt sich der Icefields Parkway, benannt nach den vielen Gletschern entlang seiner Strecke. Alle paar Kilometer weisen Schilder auf Aussichtspunkte hin, Zeltplätze und Jugendherbergen machen es möglich, die Umgebung der Hochstraße in Ruhe zu erwandern.
Einer der Höhepunkte ist das Columbia Icefield auf halbem Weg. Spezialbusse fahren Besucher auf das meterdicke Eis.

Bergziegen sind häufig zu beobachten

hend gesperrte Schutzgebiete, Regionen mit limitiertem Zugang, erschlossene Schutzgebiete, Abschnitte mit beliebten Sehenswürdigkeiten und die Stadtgebiete.

Die ersten Autos kamen noch per Eisenbahn

Zugänglich für den Massentourismus wurden die kanadischen Rocky Mountains überhaupt erst durch das Auto. Da im Norden noch keine Straße in den Park führte, wurden die ersten beiden Wagen 1914 noch mit der Eisenbahn nach Jasper gebracht. Lange fuhren sie nicht: Einen Tag nach der Anlieferung stießen die Wagen auf der einzigen Straße frontal zusammen.
Der Vorreiter für die Erschließung durch den privaten Verkehr war jedoch Banff, wo das erste Auto bereits 1904 aufgetaucht war. Elf Jahre später wurden die Nationalparks offiziell für den Individual- und Busverkehr freigegeben.
Wirklich geöffnet für den Tourismus wurden die Rockies aber erst durch die Fertigstellung des Icefields Parkway zwischen Jasper und Lake Louise im Jahr 1940, einer Arbeitsbeschaffungsmaßnahme während der ausklingenden Wirtschaftskrise. In den sechziger Jahren ausgebaut, verbindet die Hochstraße den durch Jasper führenden Yellowhead Highway 16 mit dem Trans-Canada-Highway 1 in Lake Louise. Die 230 Kilometer lange Nord-Süd-Trasse führt durch eine der schönsten Landschaften der Rocky Mountains.
Kanada ist offiziell zweisprachig; »Icefields Parkway – Promenade de Champs de Glace« begrüßt ein Schild

Der Saskatchewan River mündet 3000 Kilometer östlich in die Hudson Bay

Nährt drei Gletscher und Flüsse: das Columbia Icefield

Der Bow Lake mit dem Crowfoot Glacier

Spezialbusse auf dem Columbia Icefield

die Reisenden am Ortsausgang von Jasper in Englisch und Französisch. Es dauert nicht lange, bis sich die Straße von vier auf zwei Spuren verengt, doch die breiten Seitenstreifen bieten stets genügend Raum für die vielen Radwanderer und für kurze Stopps – auch für die typischen nordamerikanischen Wohnmobile mit ihren riesigen Ausmaßen.
Immer wieder zweigen Bäche vom Athabasca ab, der eine Weile parallel zur Hochstraße fließt. In zwei Katarakten bahnt sich der Fluß 30 Kilometer

Einsteigen in den VIA-Zug nach Vancouver

südlich seinen Weg durch die Felsen: Grollend stürzt das Wasser in den Athabasca Falls 25 Meter tief in eine Schlucht, gut zu beobachten von Aussichtspunkten an beiden Seiten.

Columbia Icefield – Quelle von Gletschern und Flüssen

Ausgedehnte Nadelwälder erstrecken sich bis zu den Flanken der annähernd 3500 Meter hohen Berge, die den Parkway säumen. Immer wieder überqueren Tiere die Fahrbahn, Damwild vor allem. Wegen des häufigen Wildwechsels ist die Höchstgeschwindigkeit für Kraftfahrzeuge auf 70 Stundenkilometer begrenzt, und die Parkverwaltung rät eindringlich, nicht schneller zu fahren. Rote Flaggen am Straßenrand erinnern an schwere Unfälle, die manche Reise frühzeitig beendet haben.
Wie in einer breiten, von zerklüfteten Bergkämmen gesäumten Rinne geht die Fahrt vorbei an Camping- und Picknickplätzen, deren Mülltonnen mit speziellen Verriegelungen gegen Bären gesichert sind. In der Ferne taucht der Stutfield Gletscher auf, Vorläufer einer Reihe von Eisfeldern, die dem Parkway seinen Namen gegeben haben.
Ihr Mittelpunkt ist das Columbia Icefield. Es ist das Herz der kontinentalen Wasserscheide, nährt drei Gletscher und drei Flüsse, die von den Rocky Mountains in drei Ozeane fließen: Der Fraser River mündet bei Vancouver in den Pazifik, der North Saskatchewan River, einst Hauptroute für Pelzhändler, fließt 3000 Kilometer östlich in die Hudson Bay und damit in den Atlantik, und der Athabasca River endet als Mackenzie River im knapp 2000 Kilometer nördlich gelegenen Eismeer.

Türkisfarbene Bergseen begleiten die Hochstraße

Vom Icefields Parkway aus ist nur der Athabasca Gletscher zu sehen. Er bildet einen Rand des riesigen, 300 Quadratkilometer großen und bis zu 900 Meter dicken Eisfeldes, das von elf der 22 höchsten Gipfel der kanadischen Rocky Mountains umgeben ist. Mindestens zehn Meter Schnee sorgen in jedem Jahr für die Bildung neuen Eises. Dennoch hat sich der Gletscher seit der letzten, kleinen Eiszeit um das Jahr 1750 um mehr als zwei Kilometer zurückgezogen, Moränen im Tal des Sunwapta Flusses legen davon Zeugnis ab.
Entdeckt worden ist das Columbia Icefield um den 3747 Meter hohen Mount Columbia erst Ende des letzten Jahrhunderts von den amerikanischen Bergsteigern Norman Collie und Hermann Wolley; keine Anzeichen deuten darauf hin, daß die Eismassen zuvor jemals von eingeborenen Indianern besucht worden wären. Heute ist der Athabasca Gletscher eine der bedeutendsten Sehenswürdigkeiten der Rocky Mountains. Vom 1973 gebauten Icefield Centre bringen Busse auf Raupen und Ballonreifen die Besucher im Sommer sicher auf das Eis.
Wenige Kilometer südlich des Columbia Icefield endet der Jasper National Park am Sunwapta Pass. Tief unten ist von dort das Schotterbett des North Saskatchewan River zu erkennen, dem sich die steil abfallende Straße rasch nähert. Eine Kette von türkisfarbenen Bergseen begleitet die Fahrt nach Süden: die Waterfowl-Seengruppe, der Mistaya Lake, der Peyto Lake und der Bow Lake. Noch einmal steigt der Parkway steil an zum Bow Pass, mit 2068

Gondeln führen auf den Berg The Whistlers

Über 3000 Meter hohe Berge begrenzen den Maligne Lake bei Jasper

Dichter Wald umgibt den Patricia Lake

Der Maligne River

Hirsche und andere Tiere finden in den Nationalparks Schutz

Der Maligne Lake bei Jasper ist der größte von Gletschern gespeiste See in den Rocky Mountains. Schlangen von haltenden Autos entlang der dorthin führenden Maligne Road sind stets ein sicheres Indiz dafür, daß jemand ein wildes Tier gesichtet hat – Hirsch, Elch oder gelegentlich einen Schwarzbären.
Eine sonderbare Erscheinung begleitet den Medicine Lake: Obwohl der Maligne River weiterhin Wasser zuführt, fällt sein Wasserstand in jedem Herbst und Winter, bis der See austrocknet. Wissenschaftler haben in seinem Grund austretendes Wasser in einem etwas entfernten Tal entdeckt, und es gibt Vermutungen, daß unter dem See eines der weltweit größten Höhlensysteme verborgen liegt.

Bootsschuppen am Maligne Lake

Metern der höchste Paß dieser Strecke, bis er nach wenigen Kilometern in den Trans-Canada-Highway mündet. Der Highway 1 führt westwärts durch den Yoho National Park in Richtung Vancouver, gen Osten durchquert er nach kurzer Zeit Lake Louise.

Laggan nannte sich diese kleine Bahnstation der Canadian Pacific Railway, von der aus Gäste zunächst mit Pferdewagen und von 1912 bis 1930 mit einer elektrischen Straßenbahn zum Chateau Lake Louise transportiert wurden. Wie das Banff Springs Hotel gehörte auch diese Herberge der Eisenbahngesellschaft; das Haus wurde erstmals 1890 gebaut und später zum Grand-Hotel umgestaltet. Es überblickt den türkisfarbenen Lake Louise, der dem Victoria- und Lefroy-Gletscher als Abschmelzbecken dient.

Bis zum See dringt aus drei Kilometern Entfernung das durch Mark und Bein dringende Warnsignal der Diesellokomotiven, die aus bis zu 100 Waggons bestehende Güterzüge durch die Berglandschaft ziehen, über weite Strecken im Schrittempo. Ihrer Trasse folgen in Richtung Banff der Highway 1 und gegenüberliegend der Bow Valley Parkway.

Von ihnen zweigt auf halbem Wege der Highway 93 in den Kootenay National Park ab, der vor allem wegen der indianischen Felszeichnungen, der Mineralquellen und der Radium Hot Springs bekannt ist.

Nahrungssuche in Vorgärten: Banff liegt im Elchrevier

Einige Kilometer vor Banff erinnern am Bow Valley Parkway eine Lichtung und das Hinweisschild »Historic Site« an die Stadt Silver City. Innerhalb weniger Monate wurde sie 1883 aus dem Boden gestampft, nachdem Prospektoren in der Nähe Spuren von Silber und Kupfer gefunden hatten. Silver City wuchs rasch und bestand bald aus 175 Gebäuden, in denen 2000 Menschen lebten. Nach zwei Jahren waren die Reserven jedoch erschöpft. Der Boom endete so schnell, wie er begonnen hatte; die Häuser zerfielen oder wurden abgerissen, Gras überwucherte die Straßen. Silver City verschwand von der Landkarte.

Ganz anders Banff, das sich zum Zentrum der kanadischen Rocky Mountains mauserte. Doch auch dort sind die Grenzen inzwischen erreicht. Die Stadt am Fuß des 2998 Meter hohen Cascade Mountain darf nicht weiter wachsen; die Leitung des Nationalparks gebietet ihr Halt, um den Konflikt zwischen Naturschutz und Menschen nicht weiter zu verschärfen.

Probleme mit der mitten im Reservat liegenden Stadt tauchen ohnehin regelmäßig auf. Banff wurde Ende des letzten Jahrhunderts im Lebensraum von Elchen gebaut. So verwundert es kaum, daß die Tiere auch heute noch häufig in der Stadt anzutreffen sind und Nahrung in Vorgärten suchen.

Aussicht auf den Peyto Lake vom Bow Summit

Deftiger Imbiß

Felsbrücke am Emerald Lake

Die kanadischen Rocky Mountains sind in fünf Nationalparks unterteilt: Banff (6641 Quadratkilometer), Jasper (10 878), Yoho (1313) und Kootenay (1406) sowie im Süden der Waterton National Park. Alle Parks nehmen ein gemeinsames Eintrittsgeld, es liegt bei etwa zehn Dollar für vier Tage. Zu zahlen ist es an den Eingängen. Dort erhält man ausführliche Informationen und Karten von den Parks, aus denen die Lage von Sehenswürdigkeiten und Campingplätzen hervorgeht. Die Broschüren enthalten auch Tips für Wanderungen und Hinweise über wildlebende Tiere, vor allem über Bären. Diese Informationen sollten genau befolgt werden, um Gefahren zu vermeiden.
Campingplätze nehmen keine Reservierungen entgegen, deshalb im Sommer spätestens am frühen Nachmittag erscheinen. Informationen über Jugendherbergen im Jugendherbergsführer (s. Allgemeine Reise-Informationen, Unterkunft). Hinweise auf den Kootenay National Park s. Kap. 5.

Jasper

Karte: Planquadrat B 7.
Unter Naturfreunden beliebter Ort.
Anreise: Regelmäßige Greyhound-Busverbindung mit Edmonton, Vancouver und Prince George sowie mit Brewster Gray Line nach Lake Louise und Banff. Züge über Edmonton in den Osten Kanadas und nach Vancouver (VIA-Rail) sowie über Prince George nach Prince Rupert. Alle Transportunternehmen haben ihre Büros im Bahnhof.
Sehenswürdigkeiten: Maligne Lake, einer der schönsten Bergseen der Rockies 50 Kilometer südöstlich. Dort im Sommer stündlich Ausflugsfahrten mit Booten. Die Fahrt zum See führt entlang dem Maligne-Fluß, dort Wildwasserfahrten mit Schlauchbooten (Rafting). Weitere reizvolle Seen sind der Patricia, Pyramid und Medicine Lake.
Die Miette Hot Springs liegen 60 Kilometer nordöstlich, in den heißesten Quellen der kanadischen Rockies kann man baden. Die Jasper Tramway fährt auf den 2285 Meter hohen Whistler Mountain acht Kilometer südlich.
Die meisten Ziele sind auch mit organisierten Fahrten zu erreichen. Info über alle Aktivitäten in der Broschüre »Jasper National Park«, sie ist vor Ort kostenlos erhältlich.

REISE-INFO
ROCKY MOUNTAINS

Unterkunft: Eine Vielzahl von Hotels, Motels und Campingplätzen, dazu im Nationalpark einige Jugendherbergen. Zu empfehlen: das teure Resort-Hotel Jasper Park Lodge (Tel. [4 03] 8 52-33 01) und die Patricia Lake Bungalows, eine Unterkunft in Blockhütten (Tel. [4 03] 8 52-35 60).
Ausgehen: Lokale aller Kategorien. Gut, aber recht teuer die Restaurants in der Jasper Park Lodge. Im Ort viele preiswerte Restaurants. Disco im Sawridge Hotel, 82 Connaught Drive. Ansonsten wenig Nachtleben.
Sport: Wandern, Skilaufen, Rafting, Reiten.
Information: Jasper National Park Visitor Service, 500 Connaught Drive, Tel. (4 03) 8 52-61 46. Dort Informationen über Verhalten bei Wildniswanderungen. Jasper Park Chamber of Commerce, 632 Connaught Drive, P. O. Box 98, Jasper, Alberta T0E 1E0, Tel. (4 03) 8 52-38 58.

Icefields Parkway

Karte: Planquadrate B 7–D 8.
230 Kilometer lange Hochstraße (Nr. 93) zwischen Jasper und Lake Louise. Sie ist gut in einem Tag zu bewältigen, bietet aber genug Sehenswertes für mehrere Tage. Eine Broschüre über den Parkway gibt es in allen Informationsstellen der Nationalparks.
Anreise: Mit dem Auto oder organisierte Bustour von Jasper, Banff oder Lake Louise.
Sehenswürdigkeiten: Athabasca- und Sunwapta-Wasserfälle, Stutfield Gletscher, Columbia Icefield. Auf einen Ausläufer dieses Systems von Gletschern führen Ausflüge mit Spezialfahrzeugen. Sehenswert sind entlang dem Weg von Jasper nach Lake Louise die vielen Seen vor der Kette von über 3500 Meter hohen Gipfeln. Entlang der Strekke sind immer wieder Aussichtspunkte ausgeschildert, dazu sind etliche Wanderwege angelegt.
Unterkunft: Etwa zehn Zeltplätze und sechs Jugendherbergen.
Ausgehen: Restaurant auf halbem Weg am Columbia Icefield.
Information: Im Icefield Centre am Columbia Icefield sowie in allen Informationsstellen der Nationalparks.

Motivsuche auf dem Columbia Icefield

Lake Louise

Karte: Planquadrat D 8.
Zentral an der Einmündung des Icefields Parkway in den Trans-Canada-Hwy. 1 gelegener Ferienort.
Anreise: Greyhound-Bus nach Calgary und Vancouver, Brewster Gray Line nach Jasper. Mehrmals täglich Busverbindung von und zum Flughafen Calgary. Zug von Calgary und Vancouver.
Sehenswürdigkeiten: Der am Fuß des Mount Victoria (3464 Meter) gelegene Lake Louise sowie der Mirror Lake und Lake Agnes. Dieser See ist vom Chateau Lake Louise gut zu Fuß erreichbar.
Unterkunft: Acht Hotels. Exklusiv und teuer ist das alte Grand-Hotel Chateau Lake Louise direkt am See (Tel. [4 03] 5 22-3511). Mehr Auswahl im 58 Kilometer entfernten Banff. Jugendherbergen in der Umgebung, mehrere Campingplätze.
Ausgehen: Gut und günstig das Frühstück in Laggan's Bakery and Delicatessen an der Samson Mall.
Sport: Wandern, Skilaufen (Abfahrt und Langlauf), Radfahren (Mountain-Bike).
Information: Banff/Lake Louise Chamber of Commerce, 93 Banff Avenue, Banff, Alberta T0L 0C0, Tel. (4 03) 7 62-37 77 und Lake Louise Information Centre, Tel. (4 03) 5 22-38 66.

Banff

Karte: Planquadrat D 9.
Bedeutendster Ferienort in den kanadischen Rocky Mountains.
Anreise: Greyhound-Bus von und nach Calgary und Vancouver, Brewster Gray Line nach Jasper. Mehrmals täglich direkte Busverbindung zum Flughafen

Grand-Hotel in Traumlage: das Chateau Lake Louise

Calgary. Zugverbindung mit Calgary und Vancouver.
Sehenswürdigkeiten: Cave & Basin Centennial Centre am Fuß des Sulphur Mountain: heiße Quellen, deren Entdeckung zur Gründung des ersten kanadischen Nationalparks führte. Schwimmbad und Informationszentrum (ganzjährig geöffnet). Auf dem Sulphur Mountain bringt eine Gondel Besucher bis auf 2285 Meter Höhe. Von oben herrliche Rundum-Sicht.
Über die Geschichte des Banff National Park und des Ortes informieren auch das Luxton Museum (Birch Avenue) und das Banff Park Museum an der Banff Avenue (täglich geöffnet).
Der Bow Valley Parkway führt in Richtung Lake Louise parallel zum Trans-Canada-Highway durch die Berglandschaft. Reizvoll ist auch die Fahrt zum Lake Minnewanka.
Busrundfahrten bietet Brewster Transportation, 100 Gopher Street, Tel. (4 03) 7 62-67 00.
Unterkunft: Große Auswahl von Hotels, Motels und Campingplätzen. Stilvoll ist das alte Grand-Hotel Banff Springs Hotel über dem Ort (Tel. [4 03] 7 62-22 11). Günstig das Spruce Grove Motel, 545 Banff Avenue, Tel. (4 03) 7 62- 2112. Jugendherberge.
Ausgehen: Gute Auswahl von Restaurants (darunter thailändische, japanische und französische Küche) und Kneipen. Einfaches Frühstück mit schöner Aussicht als Garnierung auf dem Sulphur Mountain, man zahlt es zusammen mit der Gondelfahrt. Preiswerte nordamerikanische Küche im Rose and Crown, 206 Banff Avenue; dem Restaurant angeschlossen eine gemütliche Kneipe. Elegante Atmosphäre eines alten Grand-Hotels in der Bar des Banff Springs Hotels.
Sport: Wandern, Skilaufen (Abfahrt und Langlauf), Radfahren, Golf, Rafting. In der Bundesrepublik werden im Winter Pauschalreisen zum Skilaufen in den Rockies angeboten (s. Allgemeine Reise-Informationen, Sport).
Information: Banff/Lake Louise Chamber of Commerce, 93 Banff Avenue, Banff, Alberta T0L 0C0, Tel (4 03) 7 62-37 77; Banff Information Centre, 224 Banff Avenue, Tel. (4 03) 7 62-42 56. Dort auch Informationen über Verhalten bei Wildniswanderungen.

Kananaskis

Karte: Planquadrat D 9.
Junges Ferienzentrum (Resort Village) im Kananaskis Country, dem östlichen Vorgebirge der Rocky Mountains am Hwy. 40.
Anreise: Greyhound-Bus.
Unterkunft: Der Ort Kananaskis ist um mehrere Hotels herum gebaut worden, gepflegt, aber teuer. Zentrale Information und Reservierung beim Kananaskis Village Resort, P. O. Box 100, Kananaskis Village, Alberta T0L 2H0, Tel. (4 03) 5 91-75 55. In der Umgebung viele Zeltplätze. Ribbon Creek Jugendherberge am Hwy. 40.
Sport: Wandern, Skilaufen, Rafting, Radfahren.
Information: Kananaskis Country, Box 280, Canmore, Alberta T0L 0M0, Tel. (4 03) 6 78-55 08 und Barrier Lake Visitor Information Centre am Hwy. 40 unweit des Hwy. 1, Tel. (4 03) 6 73-39 85.

Yoho

Karte: Planquadrat D 8.
Nationalpark im Schatten der großen Naturschutzgebiete Banff und Jasper.
Anreise: Greyhound-Bus und Zug von Vancouver und Calgary/Banff, Station ist Field.
Sehenswürdigkeiten: Emerald Lake, Takakkaw Falls (Wasserfall). Am östlichen Parkrand der Wapta Lake; in der Nähe windet sich die Zugstrecke spektakulär in zwei Schleifen aus einem Tal.
Unterkunft: Wenige Hotels und Motels, überwiegend in Field und entlang dem Hwy. 1. Etliche Campingplätze, teilweise nur zu Fuß erreichbar.
Information: Yoho Information Centre in Field, Tel. (6 04) 3 43-53 24.

Das Tal des Athabasca River südlich von Jasper

Wasserfall am Tangle Creek

Zwischen Banff und Lake Louise: die Massive Range

Auf dem Lake Minnewanka sind Motorboote erlaubt

Gerüste schützen Lebensmittel vor Bären

Die Rockies sind das Land der Bären, die Zeltplätze in den Nationalparks sind deshalb mit abgeschlossenen Abfallbehältern und Gerüsten für Lebensmittelvorräte ausgestattet. Da Eßwaren wegen der wilden Tiere nicht in Zelten aufbewahrt werden dürfen, werden sie in Säken und Kästen an diese Gestelle gehängt – außerhalb der Reichweite von Grizzlybären und durch glatte Manschetten um die Pfeiler nicht zugänglich für kletternde Schwarzbären.

Streifenhörnchen sind häufige Gäste von Campern

CALGARY, EDMONTON

Wettbewerb der ungleichen Schwestern

»Brotkorb Kanadas« werden die Provinzen Alberta und Saskatchewan gern genannt, kilometerlange Züge transportieren das Getreide in andere Landesteile und die Exporthäfen. Vom Bau der Zuglinie in den Westen profitierten auch die späteren Metropolen Calgary und Edmonton, die seitdem in einem unermüdlichen Wettbewerb stehen.

Kurz hinter Calgary steigen die Rocky Mountains aus der Ebene

Zwei Generationen von Stadthallen

Viele Ölgesellschaften haben in Calgary ihren Hauptsitz. Die Innenstadt unterscheidet sich kaum von den Zentren anderer nordamerikanischer Großstädte – mit Ausnahme der Skywalks. Etwa fünf Meter über den Straßen, verbinden diese überdachten Passagen die meisten Büro- und Geschäftshäuser und erlauben es, selbst im Winter ohne Mantel durch die Innenstadt zu spazieren.
Vom alten Calgary sind nur wenige Relikte erhalten. Einige der Sandsteingebäude stehen an der Stephen's Mall unter Denkmalschutz, und die alte City Hall spiegelt sich in der neuen, glasverkleideten Stadthalle wider.

Ein Jahrmarkt begleitet die Calgary Stampede

Überdachte Skywalks verbinden alle Hochhäuser

Historische Häuser in der Stephen's Mall

Wie ein breitgetretener Fladen liegt Calgary am Rande der weiten Prärie Albertas. Über 500 Quadratkilometer nimmt die 700 000-Einwohner-Stadt bereits ein, doch die Vororte mit ihren adretten Einfamilienhäusern breiten sich immer weiter in alle Himmelsrichtungen aus. Mehrspurige Highways und ein modernes Schnellbahnsystem verbinden sie mit der Innenstadt.

Fast unbedeutend wirken in diesem Ensemble die Hochhäuser in Downtown, obwohl sich in ihnen das wirtschaftliche Rückgrat des Bundesstaates befindet: Viele Ölgesellschaften haben in den glasverkleideten Türmen ihren Hauptsitz; zu ihnen gesellen sich immer mehr Verwaltungen von Industriebetrieben, die mit ihren Angestellten aus dem Osten Kanadas nach Westen ziehen.

Die Puppe eines Skispringers erinnert Reisende bei der Ankunft auf dem Flughafen bereits an die Olympischen Win-

Moderne Einkaufspassage: das Eaton Centre

terspiele, die Calgary 1988 weltweit bekanntmachten. Die Spiele veränderten die Stadt; sie wurde herausgeputzt, Architekten und Landschaftsgärtner gingen ans Werk, neue Geschäfte siedelten sich an. Vor allem aber schweißten sie die Menschen zusammen. Ohne die Mitwirkung von über 10 000 Freiwilligen wären die Winterspiele nicht so reibungslos verlaufen. Da die meisten Hotels von Sponsoren und »Offiziellen« belegt waren, fanden die Besucher überwiegend Unterkunft in Privathäusern. Die Bewohner Calgarys halfen, wo sie konnten. Unter ihnen war auch der Manager eines Ölkonzerns, der zehn Tage lang als Chauffeur Dienst tat. Nur der Chinook trübte das Bild ein wenig, ein Fallwind von den Rocky Mountains, der die Temperaturen im Winter immer wieder innerhalb von Stunden um zehn, 15 Grad steigen läßt. »Schneefresser« nennen die Indianer diesen Wind – auch bei den Olympischen Spielen bereitete er den Organisatoren einiges Kopfzerbrechen.

Let's rodeo: Ritt auf Mustangs und Bullen

Seit den Spielen müssen die Calgarians niemandem mehr erklären, wo ihre Stadt liegt, und seitdem finden auch mehr Touristen den Weg dorthin. Die meisten reisen im Juli an, wenn Calgary die Stampede ausrichtet. Auf diesem größten Rodeo Nordamerikas beweisen die harten Männer der Prärie seit 1912 in jedem Jahr aufs neue, daß ihr Job nicht nur aus Lagerfeuerromantik besteht: Perfekte Körperbeherrschung und viel Training sind notwendig, um sich auf wilden Mustangs oder Bullen zu halten und bockige Rinder per Lasso zur Raison zu bringen. Dabei handelt es sich aber durchaus nicht nur um einen großen Spaß, sondern die Calgary Stampede ist Teil eines nordamerikanischen Wettbewerbs, in dem die Teilnehmer nach einem strengen Punktesystem bewertet werden und Preisgelder von mehreren hunderttausend Dollar winken.

Zahllose Menschen in Cowboystiefeln und Stetson-Hüten bevölkern die Stadt während der Stampede, tanzen auf den Plätzen den Square-Dance und trinken in Kneipen ihr eiskaltes Bier.

Nach Calgary reisen die Stars, doch einen guten Einblick in die Welt der Cowboys vermitteln auch die vielen kleinen Sommer-Rodeos in Alberta und British Columbia. In Cochrane, nur wenige Kilometer westlich von Calgary, moderiert der ehemalige Rodeoreiter Randy Gaundry den Nachmittag. Wie jeden Wettbewerb beginnt Randy, den alle wegen seiner früheren Startnummer nur »98« nennen, auch diesen mit der schief gesungenen kanadischen Hymne und einem Gebet für die Cowboys. Und dann der Start: »Let's rodeo«. Unter den Augen von mehreren hundert Zuschauern in Stiefeln und karierten

Hemden, die in ihren Pick-up-trucks und Straßenkreuzern aus der Umgebung angereist sind, wollen die Reiter beweisen, daß sie dem wilden Tanz der Mustangs und muskelbepackten Bullen gewachsen sind. Mühsam versuchen sie, sich ohne Sattel mindestens acht Sekunden auf dem blanken Rücken der Tiere zu halten. Nur dann kommen sie in die Wertung, bei der Haltung von Reiter und Tier benotet werden. Beim Bullenritt sind auch die Rodeo-Clowns mit von der Partie, Männer in bunter Kleidung, die das bis zu 900 Kilogramm schwere, aggressive Rindvieh von den abgeworfenen Cowboys ablenken sollen und dabei selbst regelmäßig auf die Hörner genommen werden.

Einstmals eine der schönsten Städte im Westen

Cowboys und Rodeo sind ein bedeutender Teil der Geschichte Calgarys, von der in der Stadt aber nicht mehr viel zu sehen ist. Lediglich entlang einem Teil der 8th Avenue S.W., der zur Fußgängerzone umgestalteten Stephen's Mall, sind ein paar alte Sandstein-Häuser aus den ersten beiden Jahrzehnten dieses Jahrhunderts geblieben.

Damals galt Calgary, Zentrum von 1,3 Millionen Hektar Agrarland, als eine der schönsten Städte des Westens. Die orangerote City Hall aus dieser Zeit spiegelt sich – neben anderen markanten Gebäuden der Stadt – in den verwinkelt angelegten Fenstern der neuen Stadthalle wider, vor der im Olympic Park während des Sommers Kultur unter freiem Himmel geboten wird. In der Glasfassade findet sich der markante Calgary Tower, ein Aussichtsturm, ebenso wieder wie moderne Bürokomplexe. Überdachte Gänge, wegen ihrer in Fuß gemessenen Höhe über den Straßen »Plus 15« oder Skywalk genannt, verbinden die meisten Hochhäuser. Im Winter sind sie ein willkommener Schutz für Büroangestellte, die so während der Mittagspause trockenen Fußes ihre Einkäufe erledigen können.

Seine Geschichte pflegt Calgary etwas außerhalb im Heritage Park, wo alte Ortsbilder aus verschiedenen Epochen der Stadt wieder aufgebaut worden sind. Ein solches Museum besitzt auch Calgarys große Konkurrentin im Norden, Edmonton; Fort Edmonton heißt es dort. In beiden Parks wird die Ge-

Nichts für Ängstliche: das Chuckwagon Race

Wenn im Juli die Stampede beginnt, steht Calgary ganz im Zeichen der Cowboys. Das größte Rodeo Nordamerikas lockt Tausende aus den USA und Kanada an, auch die Kids kleiden sich in Wildwest-Kluft, und selbst die Telefonzellen tragen Hut. Kraft und Geschicklichkeit sind bei den Wettbewerben gefordert, wenn Cowboys auf Wildpferden und Bullen balancieren oder Planwagen in atemberaubendem Tempo durch die Arena lenken. Inszeniert wird Geschichte im Heritage Park, wo alte Gebäude aus der Frühzeit Calgarys originalgetreu aufgebaut sind. In der Bäckerei gibt es im Sommer sogar Brot und Kekse wie zu Urgroßmutters Zeiten.

Nur Sekunden halten sich die Reiter auf den Wildpferden

Inszenierte Geschichte: Calgarys Heritage Park

schichte im Sommer mit Hilfe von authentisch gekleideten Männern und Frauen inszeniert. Man gewinnt auch einen Einblick in den Wettbewerb, in dem die nur drei Stunden voneinander entfernt liegenden Städte besonders in den ersten Jahrzehnten nach ihrer Gründung standen – und in die Rolle der Eisenbahn für die Entwicklung des amerikanischen Westens.

Der Goldrausch am Klondike brachte Edmonton Wohlstand

Während Fort Calgary im Jahr 1880 für die North West Mounted Police gebaut wurde, die skrupellose Händler im südlich gelegenen Fort Whoop-up zu kontrollieren hatte, war Fort Edmonton am Zusammenfluß des North Saskatchewan und des Sturgeon River ab Ende des 18. Jahrhunderts ein reiner Handelsstützpunkt der Hudson's Bay Company. Im Handel mit den Blackfoot- und Cree-Indianern konkurrierte die Gesellschaft

Auch die Kleinen tragen Hut

mit der North West Company. Die von den Eingeborenen angelieferten Biberfelle – überwiegend für Zylinderhüte in England – und Häute anderer Tiere wurden mit Punkten bewertet, für die vor allem Haushaltswaren ausgegeben wurden. Besonders begehrt waren die Wolldecken der Hudson's Bay Company, deren blaue, gelbe, rote und grüne Streifen das Wasser, die Sonne, das Feuer und das Gras symbolisierten.

Mitte des 19. Jahrhunderts verringerte sich der Bedarf an Fellen, und auch der Versuch, durch billiges Land Bauern in den Westen zu locken, schlug zunächst fehl. Edmonton sank zur Bedeutungslosigkeit ab und mußte sich sogar damit abfinden, daß die nach Westen vordringende Canadian Pacific Railway das Dorf Calgary als Bahnstation vorzog.

Dampflok-Besatzung im Heritage Park

Indianer in Tracht bei der Stampede

Ganz eingestellt auf Cowboys . . .

Zwar erhielt auch Edmonton eine Eisenbahn-Anbindung nach Calgary, doch sie reichte zunächst nur bis Old Strathcona südlich des North Saskatchewan River, heute Zentrum der Studentenszene mit vielen schönen Cafés und Restaurants. Mit der transkontinentalen Verbindung konnte sie aber nicht konkurrieren. Erst der Goldrausch am Klondike (s. Kap. 7) brachte der Stadt in den letzten Jahren des 19. Jahrhunderts den lang ersehnten Wohlstand. Neben der Hauptroute in den Yukon über Skagway in Alaska wählten viele Goldsucher den All-Canadian-Landweg und rüsteten sich in Edmonton für den großen Treck gen Norden aus.
Die Goldsucher öffneten die Stadt damit für weitere Siedler. Edmonton erhielt seinen Ruf als »Gateway to the North«, den es auch in diesem Jahrhundert erfolgreich verteidigte. Die Stadt besaß bereits früh eine Landebahn, von der aus die Buschpiloten in den lange Zeit unerforschten hohen Norden starteten, und Edmonton war Basis für US-Soldaten, die im Zweiten Weltkrieg den Alaska Highway quer durch den Nordwesten Kanadas bauten. In der Aviation Hall of Fame, einem Teil des Edmonton Convention Centre, hängt der JN 4 Canuck Doppeldecker, mit dem Captain Wilfrid R. »Wop« May in den zwanziger Jahren die erste Luftpost nach Wetaskiwin, einem etwas südlich gelegenen Ort, lieferte.

Albertas Parlamentsgebäude: Marmor aus Italien und Quebec

Zu Beginn des 20. Jahrhunderts erreichten gleich zwei neue Eisenbahn-Linien der Grand Trunk Pacific und der Canadian Northern die Stadt, und im Jahr 1905 wurde sie zur Hauptstadt der neu gegründeten Provinz Alberta ernannt. In den nachfolgenden Jahren entstanden das nach der Renovierung 1991 wiedereröffnete MacDonald Hotel und das Parlamentsgebäude, das mit seiner freitragenden Kuppel aus dem Stadtbild herausragt. Der Regierungssitz hat den Grundriß eines Kreuzes; die Außenmauern der ersten Etage bestehen aus Granit von Vancouver Island, die weiteren Etagen aus Sandstein. Für den Innenausbau wurden drei Marmorarten aus Italien, dem US-Bundesstaat Pennsylvania und der ostkanadischen Provinz Quebec verwendet. Neben dem mächtigen Parlament stand bis 1910 das alte Fort. Innerhalb von 35 Jahren wuchs die Bevölkerungszahl von 300 auf 20 000 im Jahr 1920, heute leben gut 600 000 Menschen in Edmonton.
Als 1947 in der Nähe des Dorfes Leduc Öl gefunden wurde, schaffte auch Edmonton den wirtschaftlichen Durchbruch. Während Calgary zum Verwaltungssitz der Ölgesellschaften wurde, siedelten sich in der Hauptstadt ölverarbeitende Industrien an. Wie in Calgary zeugen das große kulturelle Angebot und Einrichtungen wie das Muttart Conservatory, ein sehenswerter botanischer Garten in vier Glas-Pyramiden, vom Wohlstand der Stadt.

Kommerz und Vergnügen: die West Edmonton Mall

Alljährlich im Juli feiern die Bewohner von Edmonton zusammen mit Tausenden von Besuchern ihre Klondike Days, die an die ersten Tage des Goldrausches erinnern. Höhepunkt der Veranstaltungen ist ein Floßrennen auf dem North Saskatchewan River, der die Hauptstadt teilt: Am nördlichen Ufer erheben sich die Hochhäuser der Innenstadt, während im südlichen Bereich Wohnsiedlungen liegen. Ein System von Wanderwegen erstreckt sich entlang dem Fluß – ein Naherholungsgebiet direkt vor der Haustür.
Nur drei Fahrtstunden östlich der grandiosen Natur der Rocky Mountains gelegen, ist die West Edmonton Mall die

Das Regierungsgebäude von Alberta

Edmonton ist Hauptstadt der Provinz Alberta

Da kann Waldi nicht nachstehen . . .

Klondike Days: Floßrennen und . . .

. . . Umzug in alten Trachten

Was für Calgary die Stampede, sind für Albertas Hauptstadt Edmonton die Klondike Days. In jedem Juli holen die Menschen ihre Trachten aus dem Schrank und erinnern an die Zeit, als Tausende Goldsucher auf dem Weg zum Klondike hier Rast machten und sich mit Ausrüstung versorgten. Höhepunkt des Festes ist das Floßrennen, bei dem die Besatzungen von Eigenbauten aller Formen und Farben auf dem Saskatchewan River um die Wette rudern.

Nicht wenige Besucher reisen eigens an, um eine Weile in der West Edmonton Mall zu verbringen. Wer's mag, findet in der weltweit größten Konsumlandschaft aus Geschäften, Restaurants und Freizeitanlagen Kurzweil für einige Tage – in Nachtclubs, Karussells und im Schwimmbad mit 22 Rutschen.

Schwimmbad der Superlative in der West Edmonton Mall

Blütenpracht unter dem Dach: das Muttart Conservatory

große Attraktion Edmontons. Das weltgrößte Einkaufs- und Vergnügungszentrum – Kostenpunkt: 1,1 Milliarden Dollar – ist drei Kilometer lang, einen breit und beherbergt auf 483 000 Quadratmetern über 800 Geschäfte. Wer den müden Füßen Ruhe gönnen möchte, hat die Qual der Wahl unter 110 Restaurants von Fastfood bis Spitzenklasse oder kann sich in die Fluten des – natürlich weltgrößten – Wellenbades stürzen, in dessen 12,3 Millionen Liter Wasser sage und schreibe 22 Rutschen führen. Zur weiteren Auswahl stehen ein Freizeitpark mit 24 Karussells und Achterbahnen, ein Nachtklub, Spielhallen und eine Fahrt mit dem U-Boot vorbei an einem Nachbau von Kolumbus' »Santa Maria« und schillernden Fischen, die sich ihren Weg entlang einer skurrilen Zusammenstellung von griechischen und chinesischen Vasen und Torpedo-Attrappen bahnen.

Den größten Andrang erlebt die West Edmonton Mall, diese Kombination aus Konsumtempel und Fantasyland, nicht im Winter, wenn das Thermometer draußen auf unter 20 Grad minus fällt. Die meisten Touristen, überwiegend aus Nordamerika, kommen im Sommer und verbringen, so heißt es, Tage in dem Gebäude.

Endlose Weite und Straßen ohne Kurven

Östlich von Edmonton und Calgary beginnt die kanadische Prärie. Der »Brotkorb« Kanadas erstreckt sich von Alberta durch den Bundesstaat Saskatchewan bis nach Manitoba und dient vor allem dem Anbau von Getreide. Aus der Luft sind im Herbst die hübschen Mosaike zu erkennen, die Mähdrescher beim Ernten des Korns gezeichnet haben – mal quadratisch, dann oval, rechteckig oder sternförmig.

Wer wenige Kilometer nördlich von Calgary bei Crossfield von der Autobahn auf den Highway 72 abbiegt, gewinnt einen guten Eindruck von der endlosen Weite dieser Landschaft. Wie eine Schnur führt die Straße 70 Kilometer geradeaus, erklimmt sanfte Hügel, stets begleitet von Stromleitungen. Einsam gelegene Farmen mit weißen Zäunen ziehen vorbei, kleine, lähmend-langweilige Provinznester setzen sich aus wenigen Wohnhäusern, einer Tankstelle, einem Geschäft und dem Schnellimbiß zusammen. An Bahnlinien, auf denen nur zur Erntezeit Züge verkehren, ragen meist rot oder grün gestrichene Vorratslager der Getreide-Genossenschaften auf – markante Gebäude, die das Bild dieser Region wesentlich prägen.

Die herzlichen Menschen in den Kleinstädten tragen, ganz dem Klischee entsprechend, Jeans und karierte Hemden und natürlich die unvermeidlichen Baseball-Mützen. Daunenwesten schützen sie gegen den Wind, der ungehindert über die kahle Landschaft fegt und sagebrush, kleine Sträucher, vor sich hertreibt.

Durchquert man diese Landschaft, verliert Zeit jegliche Bedeutung. Minute

Bleriot-ferry

Bisons finden Schutz im Elk Island National Park

Gewaltige Bisonherden bevölkerten einst die Prärien Nordamerikas und dienten den Indianern als Nahrungsgrundlage. Als die Weißen die Jagd zum »Sport« machten, wurde der Bestand innerhalb weniger Jahre von rund 50 Millionen auf wenige tausend dezimiert. 1894 stellte man die Tiere unter Schutz, heute leben einige zehntausend im Elk Island National Park östlich von Edmonton sowie im Wood Buffalo National Park im Norden Albertas.

Im Canyon des Peace River entdeckten Paläontologen 100 Millionen Jahre alte Abdrücke von Dinosauriern, die in dieser Region einst ideale Lebensbedingungen fanden. Skelette der eindrucksvollen Tiere sind im Tyrell Museum of Palaeontology bei Drumheller ausgestellt.

Siedlerhaus in der Ukrainian Village Provincial Historic Site

Erodierte Felsen: Hoodoos im Horseshoe Canyon

Landschaft wie vor der weißen Besiedlung: der Elk Island National Park

um Minute, Kilometer um Kilometer streichen vorbei, ohne bewußt zu werden. Nach fast zwei Stunden senkt sich die Straße und führt durch einen Felseinschnitt auf eine unscheinbare Stadt zu: Drumheller. Einst Zentrum der Kohleindustrie, bemühen sich die Einwohner seit zehn Jahren, die Infrastruktur für das Tyrell Museum of Palaeontology zu schaffen, weltweit eines der bedeutendsten Museen und eine wichtige Forschungseinrichtung für Fossilien und Dinosaurier.

Forschung in der Urzeit: der Dinosaurier-Friedhof

Wo sich nach der letzten Eiszeit vor 13 000 Jahren die Badlands, eine kahle

Dinosaurier-Skelett im Tyrell-Museum

Felslandschaft, formten, lag das Paradies der Urtiere. Eine üppige Vegetation bedeckte das Land, darunter Riesenfarne und Zypressen. Paläontologen haben entlang dem heutigen Red Deer River im Laufe der Zeit über 30 verschiedene Arten von Sauriern gefunden, oftmals mit Hilfe von Besuchern und Einheimischen, die ihnen ihre Entdeckungen mitteilten.

Den riesigen, 64 bis 76 Millionen Jahre alten Saurierfriedhof fand 1884 der kanadische Geologe Joseph B. Tyrell. Auf der Suche nach Kohle stieß er in der Nähe des heutigen Drumheller auf den

Schädel eines fleischfressenden Urtiers und markierte damit den Beginn der Forschungen in diesem Gebiet. Es wurde 1955 zum Dinosaur Provincial Park und 1980 von der Unesco zum World Heritage Site (Erbe der Menschheit) erklärt.
1985 öffnete dort das Tyrell Museum of Palaeontology, fünf Jahre später erhielt es von der englischen Königin Elisabeth II. den Beinamen Royal. Seine Wissenschaftler haben in den vergangenen Jahren weit über 100 000 Fossilienteile gesammelt – genug, um 15 Jahre lang in der Urzeit zu forschen. Die größeren Funde haben sie in speziell angefertigten Kassetten aus Glasfiber gesichert. Modernste Geräte sind ihnen bei ihrer Arbeit behilflich, doch um Fossilien von normalen Felsen zu unterscheiden, bedienen sie sich eines einfachen Hilfsmittels: ihrer Zunge. Fossilien bleiben leicht an ihr haften, Felsstücke dagegen nicht.

Bisons – einst gnadenlos gejagt, heute unter Schutz

Viele der Funde und Repliken von Dinosauriern sind in dem didaktisch hervorragend aufgebauten Museum ausgestellt. Computerspiele dienen dazu, spielerisch Wissen über die Urtiere zu sammeln. Der Dinosaur-Trail führt von Drumheller durch die Felslandschaft der Badlands und zur Bleriot-ferry, einer der letzten Seilfähren in Alberta.
Urtiere von heute leben östlich von Edmonton im Elk Island National Park. Rund tausend Bisons grasen in dem Areal mit ausgedehnten Sumpfgebieten, Wiesen und Espen- sowie Fichtenwäldern. Aus Freude am Töten wurden die Tiere im letzten Jahrhundert häufig von Eisenbahnzügen aus gnadenlos gejagt; jetzt stehen sie unter Schutz. Im Sommer ziehen sich die Bisons in entfernte Winkel des auch für den Tourismus genutzten Parks zurück, doch in der Nebensaison ruhen die mächtigen Tiere häufig direkt neben der Straße.
Wie Indianer einst Bisons jagten, erfahren Besucher des »Head-Smashed-In Buffalo Jump« 18 Kilometer von Fort MacLeod am Highway 785 im Süden der Provinz. Der »Kopfeinschlagen-Büffelsturz« ist eine Felsklippe, über die Eingeborene einst Büffelherden in den Tod trieben, um sich mit Fleisch und Fellen zu versorgen.

Öl ist die bedeutendste Einnahmequelle Albertas

Gehöft bei Edmonton

Bei der Ernte hinterlassen Mähdrescher hübsche Mosaike

REISE-INFO
CALGARY, EDMONTON

Calgary

Karte: Planquadrat D 10.
Metropole des südlichen Alberta, Landwirtschaftszentrum und Sitz vieler Ölgesellschaften. Die 700 000 Einwohner zählende Stadt wurde weltweit bekannt durch die Olympischen Winterspiele im Jahr 1988.
Anreise: Calgary ist mit Flugzeug, Bus und Zug zu erreichen. Der Flughafen liegt etwa zehn Kilometer nördlich der Innenstadt, es gibt eine regelmäßige Busverbindung. Der Greyhound Busbahnhof befindet sich in 850 – 16th St. S.W. etwa zwei Kilometer westlich von Downtown (Tel. [4 03] 2 65 - 91 11). Der Zug nach Vancouver hält unterhalb des Calgary Tower im Stadtzentrum.
Sehenswürdigkeiten: Vom Calgary Tower an der 9th Avenue (täglich 7.30 Uhr bis Mitternacht) bietet sich eine herrliche Aussicht auf die östlich liegende Prärie und auf die Rocky Mountains. Der Heritage Park (1900 Heritage Drive S.W., 19. Mai bis 8. Oktober täglich von 10 bis 18 Uhr) macht mit der Geschichte der Stadt und des westlichen Alberta bekannt. Er ist Kanadas größtes Museum dieser Art; für den Besuch sollte man einen halben Tag einplanen. Touren führen durch den Canada Olympic Park am Hwy. 1 fünf Kilometer westlich der Innenstadt. Vom 90-Meter-Sprungturm erhält man einen guten Eindruck von der Ausdehnung Calgarys und hat einen schönen Blick auf die östlich gelegene Downtown.
In der Innenstadt fallen an der 2nd Street S. E. die benachbart stehende alte und neue Stadthalle auf. In den verwinkelt angeordneten Glasfenstern des neuen Verwaltungsgebäudes spiegeln sich die bedeutendsten Häuser der Innenstadt. Direkt gegenüber treten auf dem Olympic Plaza im Sommer Musik- und Tanzgruppen auf. Neben dem Platz liegt das Calgary Centre for Performing Arts mit verschiedenen Theatern und Museen.
Auf der St. Georg's Island inmitten des Bow River befindet sich der Zoo, eines der größten Tiergehege Kanadas.
Unterkunft: Eine große Auswahl von Unterkünften jeder Art und Kategorie. Info im Accomodation Guide (s. Allgemeine Reise-Informationen, Unterkunft). Jugendherberge in der Innenstadt (570 – 7th Avenue, Tel. [4 03] 2 69 - 82 39).
Campingplätze rund um Calgary, wie Bow Bend Mobile Home & R.V. Park, 5227 – 13th Avenue N.W. Tel. (4 03) 2 88 - 21 61 und Nature's Hideaway Campground, Bay 1, 3516 – 80th Avenue S. E., Tel. (4 03) 2 79 - 62 87.
Für Besuche im Hochsommer, besonders während der Calgary Stampede Anfang bis Mitte Juli, sollte die Unterkunft unbedingt vorgebucht werden.
Ausgehen: Große Auswahl an Restaurants, Kneipen und Nachtklubs. Im Restaurant des Calgary Tower zahlt man neben gutem Essen auch für die Aussicht. Preiswerte und schmackhafte kreolische Küche, überwiegend Fisch, serviert das Cannery Row Restaurant (317 – 10th Avenue S.W): Lockere Atmosphäre und in der angeschlossenen Bar häufig New Orleans Jazz. Gutes Salatbuffet im Mother Tucker's Food Experience (345 – 10th Avenue S.W.).
Kräftiges Frühstück gibt es im 1886 Café an der 334 – 1st Street S.W. Das Warten in der Schlange lohnt sich.
Nachtklubs und Diskotheken an der 11th Avenue S.W. (»Electric Ave.«), wie Singapor Sam's, Coconut Joe und Bendino.
Veranstaltungen: Die Calgary Stampede wird in jedem Juli abgehalten. Wer die Rodeo-Veranstaltungen Anfang bis Mitte des Monats besuchen möchte, sollte sich beim Calgary Convention & Visitors Bureau rechtzeitig um Eintrittskarten bemühen.
Ausflüge: Zum Royal Tyrell Museum of Palaeontology in Drumheller (s. dort), in die Rocky Mountains und nach Kannanaskis (s. Kap. 7), zum Head-Smashed-In Buffalo Jump (s. Lethbridge). Wer Alberta aus dem Heißluftballon kennenlernen möchte, kann sich an Aero Dynamics wenden (Tel. [4 03] 2 58 - 39 88).
Information: Calgary Convention & Visitors Bureau, 237 – 8th Avenue S. E., Calgary, Alberta T2G OK8, Tel. (4 03) 2 63 - 85 10 mit Büros am Flughafen und an Ausfallstraßen.

Flotte Lady bei den Klondike Days

Drumheller

Karte: Planquadrat D 10.
Kleinstadt in den landschaftlich reizvollen Badlands, einer Region mit interessanten Gesteinsformationen. Zentrum des »Dinosaurier-Friedhofs«.
Anreise: Busverbindung (Greyhound) mit Calgary und Edmonton, besser mit dem Auto.
Sehenswürdigkeiten: Das Royal Tyrell Museum of Palaeontology verfügt über eine erstklassige Sammlung von Fossilien. In einer didaktisch gut aufbereiteten Ausstellung werden Besucher mit den Phasen der Erdgeschichte vertraut gemacht. Öffnungszeiten: Mitte Mai bis Anfang Oktober täglich von 9 bis 21 Uhr, im Winter dienstags bis sonntags von 10 bis 17 Uhr.
Der Dinosaur-Trail führt durch die Badlands und zur Bleriot-ferry, einer der letzten Seilfähren Albertas. Die Felsformationen der Hoodoos liegen etwa 20 Kilometer südöstlich von Drumheller.
Unterkunft: Wenige Hotels und Motels in der Innenstadt und der Umgebung sowie einige Campingplätze. Die Auswahl an guten Restaurants ist sehr bescheiden.
Information: Drumheller Chamber of Commerce, Box 203, Drumheller, Alberta, Tel. (4 03) 8 23 - 21 71.

Lethbridge

Karte: Planquadrat E 10.
Universitätsstadt im Südwesten Albertas, 50 000 Einwohner.
Anreise: Greyhound-Busverbindung nach Calgary sowie westlich nach British Columbia. Flugverbindung nach Calgary mit Air Canada und Canadian Airlines.
Sehenswürdigkeiten: Der Nikka Yuko Japanische Garten sowie der Campus der Universität.
Unterkunft: Gute Auswahl von Hotels und Motels verschiedener Preisklassen. Campingplätze in der Umgebung.

Olympiagelände in Calgary

Ausflüge: In das historische Fort MacLeod, wo 1874 die erste Station der Northwest Mounted Police eingerichtet wurde. Von dort wenige Minuten westlich der Head-Smashed-In Buffalo Jump, eine Klippe, über die Indianer früher Büffel in den Tod trieben. Über die Geschichte informiert vor Ort ein Besucherzentrum.
Information: Chinook Country Tourist Association, 2805 Scenic Drive, Lethbridge, Alberta T1K 5B7, Tel. 1-8 00-6 61-12 22 oder (4 03) 3 29-67 77.

Edmonton

Karte: Planquadrat B 10.
Hauptstadt von Alberta mit rund 600 000 Einwohnern.
Anreise: Edmonton ist mit dem Flugzeug, Zug und Bus gut zu erreichen. Der internationale Flughafen liegt 29 Kilometer südlich der Innenstadt, der Flugplatz für nationale Flüge wenig nördlich. Es gibt regelmäßige Busverbindungen nach Downtown. Der Greyhound-Busbahnhof befindet sich in der 10324 – 103rd Street, Tel. (4 03) 4 21-4211. Die Zuggesellschaft VIA unterhält auf der Trans-Kanada-Route eine tägliche Verbindung nach Ostkanada sowie über Jasper in den Rocky Mountains nach Vancouver, in Jasper Anschluß an den Zug nach Prince Rupert. Der Bahnhof liegt an der 10004 – 104th Avenue, Tel. (4 03) 4 22-60 32 oder 1-8 00-6 65-86 30 (gebührenfrei).
Sehenswürdigkeiten: Mit der Geschichte Edmontons macht der Fort Edmonton Park bekannt (Whitemud Drive, geöffnet täglich vom 18. Mai bis 8. Oktober, im Winter nur geführte Touren). Ganzjährig zugänglich ist das Regierungsgebäude an der Ecke 97th Avenue/109th Street, im Sommer werden alle halbe Stunde geführte Rundgänge angeboten. Gemäldesammlung und eine Ausstellung über die Pionierzeit der Provinz.
Die Natur und Geschichte Albertas stellt das Provincial Museum vor (12845 – 102nd Avenue, täglich geöffnet, nur im Winter am mo geschlossen). Besonders sehenswert sind die Dioramen mit Beispielen der Flora und Fauna in allen Gebieten der Provinz. In Canada's Aviation Hall of Fame (9797 Jasper Avenue, täglich geöffnet bis auf den mo im Winter) gibt es Ausstellungen über 100 kanadische Luftfahrtpioniere.
Ein Rundgang durch die Old Strathcona Historic Area macht bekannt mit alten Gebäuden aus der Pionierzeit Ende des 19. Jahrhunderts. Das Muttart Conservatory (9626 – 96A Street, geöffnet täglich bis auf den mo im Winter) ist ein sehenswerter botanischer Garten in vier Glaspyramiden.
Eine der jüngeren Attraktionen der Stadt ist die West Edmonton Mall, ein riesiges Einkaufs- und Vergnügungszentrum mit Spaßbad, Karussells, Restaurants und Kneipen. Täglich geöffnet.
Unterkunft: Eine große Auswahl von Unterkünften aller Art (s. Allgemeine Reise-Infos, Unterkunft). Jugendherberge an der 10422 – 91st Street. Campingplätze etwas außerhalb, wie Shakers Acres Tent & Trailer Park, 21530 – 103rd Avenue NW, Tel. (4 03) 4 47-35 64.
Ausgehen: Eine Vielzahl von Lokalen, etwa 30 verschiedene ethnische Küchen. Eine schöne Aussicht über die Stadt vom Restaurant LaRonde im Chateau Lacombe Hotel (10111 Bellamy Hill). Schmackhafte französische Küche in Claude's Restaurant (10112 – 107th Street). Preiswerte nordamerikanische Mahlzeiten im Bones (10220 – 103rd Street). Country und Western Musik wird im Cook County Saloon (8010 – 103rd) Street gespielt.
Veranstaltungen: Die Klondike Days mit vielen Veranstaltungen in Erinnerung an die Pionierzeit, Mitte bis Ende Juli; im Anschluß an die Calgary Stampede. Zwischen September und April Eishockeyspiele der bekannten Edmonton Oilers.
Ausflüge: Zum Elk Island National Park (Bisons) eine Fahrtstunde östlich auf dem Yellowhead Hwy. 16. In der Nähe ein altes ukrainisches Dorf.
Information: Edmonton Convention and Tourism Authority, 104-9797 Jasper Avenue, Tel. (4 03) 4 22-55 05 oder 9 88-54 55.

Eisenbahnbrücke bei Lethbridge

Beaufort Sea
Victoria Island
King William Island
Alaska (USA)
Alaska Standard Time
Pacific Standard Time
Mountain Standard Time
Central Standard Time
Old Crow
Aklavik
Inuvik
Fort McPherson
Fairbanks
Cambridge Bay
Dempster Highway
Forty Mile
Dawson City
Tetlin Junction
Elsa
Mayo
Beaver Creek
Yukon Territory
Great Bear Lake
Northwest Territories
Nördlicher Polarkreis
Mackenzie River
Carmacks
Faro
Ross River
KLUANE NATIONAL PARK
Haines Junction
Alaska Highway
Whitehorse
Chilkoot Pass
Bennett
Skagway
Atlin
Juneau
Admiralty I.
Upper Liard
Watson Lake
Cassiar
Fort Liard
Fort Simpson
Yellowknife
Reliance
Great Slave Lake
Hay River
Eskimo Point
Telegraph Creek
Dease Lake
MUNCHO LAKE PROV. PARK
Fort Nelson
STONE MOUNTAIN PROV. PARK
WOOD BUFFALO NATIONAL PARK
Fort Smith
Uranium City
Churchill
Mt. Edziza
Iskut
Lake Athabasca
KANADA
Bear Glacier
Stewart
Fort Mackay
Fort McMurray
Lynn Lake
Williston Lake
Hudson's Hope
Fort St. John
Dawson Creek
Graham Island
Masset
Prince Rupert
Kitwanga
New Hazelton
Chetwynd
Thompson
Queen Charlotte Islands
Skidegate
Sandspit
Terrace
Smithers
Kitimat
Alberta
Saskatchewan
Flin Flon
Manitoba
Moresby Island
British Columbia
Prince George
Edmonton
Saskatchewan R.
Prince Albert
Lake Winnipeg
Williams Lake
Jasper
Red Deer
Saskatoon
Port Hardy
Fairmount
Powell River
Pemberton
Calgary
Campbell River
Whistler
Kamloops
DINOSAUR PROVINCIAL PARK
Regina
Winnipeg
Moose Jaw
Brandon
Vancouver
Hope
Kelowna
Medicine Hat
Nanaimo
Burnaby
Victoria
Lethbridge
Estevan
Ausschnitt siehe S. 104-105
Seattle
PACIFIC OCEAN
Spokane
Lake Sakakawea
North Dakota
Tacoma
Washington
Missouri
Fort Peck Lake
Montana
Bismarck
Walla Walla
Portland
Columbia R.
Helena
Yellowstone
Salem
Billings
Oregon
Pierre
Eugene
South Dakota
Boise
Idaho
Wyoming
USA
Nebraska
Rocky Mountains
Cheyenne
California
Salt Lake City
Reno
Nevada
Carson City
Denver
300 km
Sacramento
Utah
Colorado
San Francisco
Oakland
San Jose

Nechako
Plateau
Coast Mountains
Pacific Ranges
Fraser
Plateau
British
Cariboo Mountains
Vancouver Island
Vancouver Island Ranges
PACIFIC OCEAN
Kitimat
Burns Lake
Fort St. James
Vanderhoof
PRINCE GEORGE
Willow River
Upper Fraser
Longworth
Penny
Mud River
Natalkuz Lake
Punchaw
BOWRON LAKE PROVINCIAL PARK
Kimsquit
Nazko
Quesnel
Barkerville
Quesnel Lake
Ocean Falls
Bella Coola
Hagensborg
Chezacut
Redstone
Alexis Creek
Chilanko Forks
Tatla Lake
Williams Lake
Cariboo Highway
Hanceville
Rivers Inlet
Dawsons Ldg.
Wadhams
Goose Bay
Big Creek
Alkali Lake
108 Mile House
100 Mile House
93 Mile House
Dog Creek
Gang Ranch
70 Mile House
Big Bar Creek
Chilko Lake
Allison Harbour
Queen Charlotte Strait
Sullivan Bay
Kingcome Inlet
CAPE SCOTT PROV. PARK
Port Hardy
Malcolm Island
Cormorant Island
Simoom Sound
Carpenter Lake
Sointula
Alert Bay
Port McNeill
Glendale Cove
Telegraph Cove
Jackson Bay
Johnstone St.
ROBSON BIGHT ECOLOGICAL RESERVE
Thurlow
Lillooet
Spences Bridge
Redonda Bay
Whaletown
Pemberton
Whistler
Lytton
GARIBALDI PROVINCIAL PARK
Bliss Landing
Campbell River
Lund
Powell River
Saltery Bay
Golden Hinde 2200 m
STRATHCONA PROVINCIAL PARK
Courtenay
Comox
Texada Island
Egmont
Pender Harbour
Sunshine Coast
Howe Sound
Squamish
Britannia Beach
PORTEAU COVE PROV. P.
Hells Gate
Boston Bar
Spuzzum
Harrison Lake
Nootka
Strait of Georgia
Hot Spring Cove
Hesquiat
Ahousat
MAC MILLAN PROV. PARK
Sechelt
Roberts Creek
Gibsons
North Vancouver
West Vancouver
GOLDEN EARS PROVINCIAL PARK
Harrison Hot Springs
Hope
Tofino
West Coast Trail – Long
PACIFIC RIM Beach
Parksville
Port Alberni
VANCOUVER
NANAIMO
New Westminster
Fort Langley
Mission
Kilby
Chilliwack
Langley
Ucluelet
Broken Islands
Bamfield
Chemainus
Gulf Islands
Tsawwassen
Boundary Bay
White Rock
NATIONAL PARK
Duncan
Sidney
Bellingham
Mount Baker 3285 m
Diablo
Port Renfrew
Butchard Gardens
San Juan Islands
Anacortes
Jordan River
VICTORIA
La Conner
Juan de Fuca Strait
Port Townsend
Keystone
Port Angeles
EVERETT
SEATTLE
OLYMPIC NATIONAL PARK
Tour 1
Tour 2
Tour 3, 4, 7
Tour 4, 9
Tour 7
Tour 7, 8
Tour 8
Tour 9
100 km
Wald
Gletscher
mehrspuriger Highway
sonstiger Highway
Trans-Canada Highway
Yellowhead Highway
State and Provincial Highway
Interstate Highway
US-Highway
Eisenbahn
Touren-Vorschlag

KANADA
Alberta
Columbia
Rocky Mountains
Columbia Mountains
Monashee Mountains
Selkirk Mountains
Purcell Mountains
Washington
Idaho
Montana
USA
EDMONTON
CALGARY
KELOWNA
Whitecourt
Barrhead
Mayerthorpe
ELK ISLAND NATIONAL PARK
Grande Cache
Entwistle
Wildwood
Edson
Hinton
Devon
Edmonton Int. Airport
Leduc
Calmar
Drayton Valley
Breton
Warburg
Wetaskiwin
Crescent Spur
Fraser River
McBride
Dunster
Miette Hot Springs
Athabasca River
Pyramid Lake
Patricia Lake
Jasper
Medicine Lake
MOUNT ROBSON PROVINCIAL PARK
JASPER NATIONAL PARK
Maligne Lake
Ponoka
Rimbey
Lacombe
Stettler
Red Deer
Red Deer R.
Nordegg
Rocky Mountain House
N. Saskatchewan R.
Icefields Parkway
Athabasca Glacier
Columbia Icefield
Kinbasket Lake
WELLS GRAY PROVINCIAL PARK
Helmcken Falls
Blue River
Avola
Clearwater
Vavenby
Little Fort
Barrière
Adams Lake
Mc Lure
Heffley Creek
SHUSWAP LAKE PROVINCIAL PARK
Celista
Shuswap Lake
Squilax
Craigellachie
Revelstoke
Sicamous
Kamloops
Salmon Arm
Enderby
Armstrong
Vernon
Okanagan Lake
Merritt
Peachland
Summerland
Penticton
Okanagan Valley
Oliver
Osoyoos
Oroville
Okanogan R.
Tonasket
Okanogan
Granite City
Coalmont
Princeton
MANNING PROVINCIAL PARK
Penhold
Innisfail
Bowden
Olds
Caroline
Sundre
Didsbury
Carstairs
Crossfield
Linden
Acme
Carbon
Drumheller
Beiseker
Calgary International Airport
Strathmore
Cochrane
Canmore
Kananaskis
Exshaw
Banff
Lake Louise
BANFF NATIONAL PARK
YOHO NATIONAL PARK
KOOTENAY NATIONAL PARK
Golden
Rogers Pass
GLACIER NATIONAL PARK
MOUNT REVELSTOKE NAT. PARK
Columbia River
Radium Hot Springs
Invermere
Windermere
Black Diamond
Cayley
Nanton
Upper Arrow Lake
Nakusp Hot Springs
Nakusp
New Denver
Silverton
Sandon
Kaslo
Kootenay Lake
Slocan Lake
Slocan
Ainsworth Hot Springs
Balfour
Kootenay Bay
Kimberley
Fort Steele
Cranbrook
Lower Arrow Lake
Nelson
Castlegar
Salmo
Creston
Trail
Rossland
Porthill
Elkford
Sparwood
Fort MacLeod
Lethbridge
WATERTON LAKES NATIONAL PARK
Eureka
Troy
Libby
Whitefish
Columbia Falls
Marcus
Tiger
Rice
Sandpoint
Tour 3
Tour 3, 4
Tour 4
Tour 4, 5, 6
Tour 5
Tour 6
Tour 9

REISE-INFO
TOURENVORSCHLÄGE

Küstenfahrt ①

Vancouver – Victoria (Vancouver – Nanaimo) – Campbell River – Powell River – Gibsons – Vancouver. 480 (320) Kilometer, drei bis vier Tage. Kap. 2, 3 und 4.
Diese Fahrt macht mit der Ostküste von Vancouver Island und der Sunshine Coast bekannt und führt von Vancouver auch in die Hauptstadt von British Columbia, Victoria. Für einen Abstecher in den Pacific Rim National Park an der Westküste von Vancouver Island zwischen den Fischerorten Tofino und Ucluelet muß man mindestens weitere drei bis vier Tage einkalkulieren.

Küstenberge ②

Vancouver – Whistler – Lillooet – Hope – Vancouver. 590 Kilometer, zwei bis drei Tage. Kap. 2, 3 und 5.
Die Rundfahrt bietet sich für einen kurzen Aufenthalt an. Sie führt durch die imposanten Küstenberge in das trockene Binnenland.

Okanagan ③

Vancouver – Hope – Osoyoos – Castlegar – Nakusp – Vernon – Kelowna – Merrit. 1400 Kilometer, sieben bis zehn Tage. Kap. 2, 3 und 5.
In die Obst- und Weinregion von B. C. und die Kootenays (Vorgebirge der Rocky Mountains) führt diese Rundfahrt. Sie macht schon ein wenig mit der Weite und Wildnis West-Kanadas bekannt, bleibt jedoch im relativ dicht besiedelten Süden der Provinz.

Rocky Mountains I ④

Vancouver – Hope – Penticton – Vernon – Revelstoke – Lake Louise – Banff – Jasper – Kamloops (Jasper – Prince George) – Vancouver. 2050 (2400) Kilometer, drei Wochen. Kap. 2, 3, 5, 6 und 8.
Ein wenig von allem: Großstadt, Küstenberge, trockenes Binnenland, Obst- und Weinregion und die gewaltigen Rocky Mountains. Die Route via Prince George führt durch die Weite des Nordens.

Rocky Mountains II ⑤

Calgary – Banff – Lake Louise – Jasper – Edmonton – Drumheller – Calgary. 1150 Kilometer, zehn bis 14 Tage. Kap. 8 und 9.
Wer sich die Rocky Mountains intensiver ansehen möchte, ist mit dieser Route gut bedient. Sie bringt auch die Prärie Albertas näher und gibt im Juli Gelegenheit, Nordamerikas größtes Rodeo, die Calgary Stampede, zu besuchen.

Kootenays ⑥

(Banff oder Kamloops –) Revelstoke – Nakusp – New Denver – Sandon – Kaslo – Nelson – Cranbrook – Radium Hot Springs – Golden – Revelstoke. 650 Kilometer, drei bis fünf Tage. Kap. 5.
Die Rundfahrt durch die Kootenays führt durch die Vorgebirge der Rocky Mountains und in Kleinstädte, die zur Zeit des Silberrausches vor 100 Jahren entstanden sind. Diese Tour ist gut zu kombinieren mit »Rocky Mountains« und »Okanagan«.

Nördliches B. C., ⑦ Inside Passage

Vancouver – Hope (Vancouver – Whistler – Pemberton) – Prince George – Prince Rupert – Fähre nach Port Hardy/Vancouver Island – Nanaimo – Vancouver. 2000 Kilometer, 14 bis 17 Tage. Kap. 2, 3, 4, 5 und 6.
Bei gutem Wetter zählt die Fahrt durch die Inselwelt nördlich von Vancouver Island (Inside Passage) zu den schönsten Schiffsreisen überhaupt. Diese Rundfahrt verbindet sie mit dem wenig besiedelten Norden von B. C.

Nördliches B. C. ⑧

Prince George – New Hazelton – Steward – Watson Lake – Fort St. John – Dawson Creek – Prince George. 2700 Kilometer, zehn bis 14 Tage. Abstecher nach Whitehorse und Dawson City/Yukon Territory zusätzlich 2000 Kilometer, ca. zehn Tage. Kap. 6 und 7.
Eine Reise für Freunde von Wildnis und Weite. Die Fahrt führt durch wenig erschlossene Regionen. Ein fahrtüchtiges Auto ist unbedingte Voraussetzung. Die Reise läßt sich kombinieren mit einer Fährfahrt von Haines/Alaska (südlich von Whitehorse) über Juneau nach Bellingham (s. Allgemeine Reise-Informationen, Verkehrsmittel, Schiff).

Alberta, ⑨ Nördliches B. C.

Edmonton – Jasper – Prince George – Dawson Creek – Edmonton. 1750 Kilometer, zehn bis 14 Tage. Kap. 6, 8 und 9.
Von Albertas Hauptstadt aus führt diese Rundreise durch die Rocky Mountains und weiter in den Norden von B. C. Zurück geht es über Dawson Creek, wo der im Zweiten Weltkrieg gebaute Alaska Highway beginnt. Ein 140 Kilometer weiter Umweg führt durch schöne Landschaft von Chetwynd über Hudson's Hope nach Fort St. John.

Die Ziffern beziehen sich auf entsprechende Hinweise in den Karten (Seite 103 bis 105).

Der Westen Kanadas läßt sich gut per Fahrrad entdecken

Allgemeine Reise-Informationen

British Columbia (B. C.), das Yukon Territory und Alberta bilden die drei westlichen kanadischen Bundesstaaten. Gemeinsam bedecken sie eine Fläche von rund zwei Millionen Quadratkilometer, mit einer durchschnittlichen Bevölkerungsdichte von rund 3,5 Einwohnern je Quadratkilometer in Alberta und einem Menschen auf 20 Quadratkilometer im Yukon. Tatsächlich ist die Bevölkerungsdichte in den Ballungsräumen und Siedlungszentren wesentlich höher, während weite Landstriche praktisch unbesiedelt sind.

Diese Weite des Landes und die trotz industriellen Holzabbaus vielfach noch unverfälschte Natur faszinieren Besucher aus aller Welt, vor allem aus den asiatischen Pazifik-Anrainerstaaten und aus Europa.

Vor dem Tourismus sind die wesentlichen Wirtschaftszweige der Holzabbau in B. C. und Alberta, die Fischerei in B. C., die Rinderzucht und der Getreideanbau in Alberta sowie der Abbau von Bodenschätzen (Blei, Zink, Erz, Kohle und Gold) im Yukon. Alberta fördert und verarbeitet zudem Öl, während sich die Metropole von B. C., Vancouver, zunehmend zum Handels- und Finanzzentrum des westlichen Kanada entwickelt.

Adressen

Touristik-Informationen erteilt in der Bundesrepublik das Fremdenverkehrsamt im kanadischen Generalkonsulat (Tourismusabteilung) in 4000 Düsseldorf, Immermannsstraße 65d, Tel. (0211) 36 03 34; Reiseberatung und Prospekte über Kanada erhält man schriftlich beim Lange Touristik Dienst, Alte Dorfstraße 21, 6470 Maintal 2.

Die westkanadischen Provinzen verschicken auch direkt Informationen: **Alberta:** Tourism Alberta, City Centre Building, 10155 – 102 Street, Edmonton, Alberta T5J 4L6, Tel. (4 03) 4 27-43 21. **Yukon Territory:** Tourism Yukon, P. O. Box 2703, Whitehorse, Y.T. Y1A 2C6, Tel. (4 03) 6 67-53 40. **British Columbia:** Tourism British Columbia, Ministry of Tourism, Parliament Buildings, Victoria, B. C. V8V 1X4, Tel. (6 04) 3 87-16 42 (aus Übersee), Tel. 1-8 00-6 63 -60 00 (kostenlos innerhalb Kanadas und von den USA).

Viele Regionen im Westen Kanadas haben ihre eigenen Touristikverbände, die auch spezifische Informationen über Aktivitäten im Urlaub verschicken, wie Camping, Wintersport, Wandern, Wassersport, Jagen und dergleichen. Die Verbände in B. C. sind: **Tourism Association of Vancouver Island,** Dept. 001, Suite 302 – 45 Bastion Square, Victoria, B. C. V8W 1J1, Tel. (6 04) 3 82-35 51, FAX (6 04) 3 82-35 23; **Tourism Association of Southwestern B. C.,** Dept. 002, Suite 304, 828 West 8th Avenue, Vancouver, B. C. V5Z 1E2, Tel. (6 04) 8 76-30 88, FAX (6 04) 8 76-8 916 (südwestliches B. C.); **Cariboo Tourist Association,** Dept. 003, P. O. Box 4900, Williams Lake, B. C. V2G 2V8, Tel. (6 04) 3 92-22 26, FAX (6 04) 3 92-28 38 (mittleres westliches B. C.); **High Country Tourism Association,** Dept. 004, P. O. Box 962, Kamloops, B. C. V2C 6H1, Tel. (6 04) 3 72-77 70, FAX (6 04) 8 28-46 56 (mittleres östliches B. C. bis an die Rocky Mountains); **Okanagan Similkameen Tourist Association,** 104 – 515 Highway 97 South, Kelowna, B. C. V1Z 3J2, Tel. (6 04) 7 69-59 59, FAX (6 04) 8 61-74 93 (Okanagan Valley); **Kootenay Country Tourist Association,** 610 Railway Street, Nelson, B. C. V1L 1H4, Tel. (6 04) 3 52-60 33, FAX (6 04) 3 52-16 56 (Kootenays); **Rocky Mountain Visitor Association of B. C.,** Dept. 007, P. O. Box 10, Kimberley, B. C. V1A 2Y5, Tel. (6 04) 4 27-48 38, FAX (6 04) 4 27-33 44 (südöstliches B. C., Rocky Mountains); **North by Northwest Tourism Association,** Dept. 008, Box 1030, Smithers, B. C. V0J 2N0, Tel. (6 04) 8 47-52 27, FAX (6 04) 8 47-75 85 (nordwestliches B. C.); **Peace River Alaska Highway Tourist Association,** Dept. 009, Box 6850, Fort St. John, B. C. V1J 4J3, Tel. (6 04) 7 85-25 44, FAX (6 04) 7 85-44 24 (nordöstliches B. C.).

Die Flaggen von B. C. und Kanada

Die meisten Städte im Westen Kanadas haben eigene Informationsbüros (s. Adressen in den Reise-Infos), in denen man meist kostenlose Broschüren, Regionalkarten, Unterkunftsverzeichnisse und Veranstaltungskalender bekommt und häufig auch Touren buchen kann.

Auch Nationalparks und größere Provinzparks haben in der Regel eigene Informationszentren, in denen Besucher Kartenmaterial und weitere Unterlagen über die Parks erhalten. Häufig werden Filmvorführungen und Wanderungen angeboten, in denen fundierte Kenntnisse über Flora und Fauna der Region vermittelt werden. Informationen über Nationalparks erteilt: Canadian Parks Services, Western Region, 220 4th Avenue, S. E., P. O. Box 2989, Station M, Calgary, Alberta T2P 3H8.

Anreise

Vancouver, Calgary und Edmonton werden vor allem von den kanadischen Linien Canadian Airlines und Air Canada angeflogen, ferner von Lufthansa und ab Amsterdam von KLM.

Canadian Airlines fliegt in Zusammenarbeit mit der Lufthansa direkt von Frankfurt nach Vancouver, sowie nach Calgary und Edmonton. Air Canada bietet nur im Sommer sonntags ab Düsseldorf Direktflüge nach Vancouver; bei allen anderen Flügen ab Frankfurt und Berlin müssen Passagiere in Toronto umsteigen. Auf Air Canada-Flügen darf nicht geraucht werden.

Direktflüge in den Westen Kanadas bringen einen Zeitvorsprung von vier bis fünf Stunden und erleichtern die Zeitumstellung.

Preisgünstiger sind ab Europa manche

Flüge nach Seattle (US-Bundesstaat Washington), zum Beispiel mit British Airways über London. Vom Sea/Tac-Flughafen gibt es eine direkte Busverbindung über Bellingham nach Vancouver mit Quick Shuttle (acht Fahrten täglich zwischen 8.30 und 22.30 Uhr, 46 US-Dollar hin und zurück, Tel. 1-800-665-2122 innerhalb der USA, Tel. [604] 526-2836 in Kanada, Fahrtdauer vier Stunden).
In Zusammenarbeit mit VIA-Rail bietet Canadian Airlines kombinierte Flug- und Bahnreisen an (s. Verkehrsmittel, Zug).

An der Grenze

Reisende nach Kanada benötigen einen gültigen Reisepaß. Wer von Kanada in die USA reisen will, sollte sich dafür zu Hause bei der Botschaft in Bonn oder einem Generalkonsulat ein Visum besorgen.
Im Flugzeug müssen Passagiere eine Declaration Card für den Zoll ausfüllen; bei der Einfuhr von Gegenständen für den persönlichen Bedarf gibt es keine Probleme. Die Einreise- und Zollkontrolle geschieht auf dem ersten Flughafen: Wer in Toronto umsteigt, wird also dort kontrolliert.

Behinderte

Rollstuhlfahrer erhalten Informationen über Reisen in B. C. bei: Canadian Paraplegic Association, 780 S.W. Marine Drive, Vancouver, B. C. V6P 5Y7, Tel. (604) 324-3611.

Einkaufen

Geschäfte sind meist montags bis sonnabends von 9.30 bis 19 oder 20 Uhr geöffnet, an manchen Tagen auch länger. Das gilt vor allem für Shopping Malls. Supermärkte öffnen häufig bereits um 6.30 Uhr und schließen erst gegen Mitternacht. Eckläden (convenient stores) wie die 7-eleven-Kette sind jeden Tag durchgehend geöffnet.
Auf alle Preise werden in den Geschäften die Provinzsteuern und die 1991 eingeführte Bundessteuer (GST) aufgeschlagen, die man bei der Ausreise zurückerhalten kann (Formulare in den Travel Infocentres).
Günstiger als in Deutschland lassen sich in Kanada Freizeitkleidung wie Jeans und Hemden sowie Campingartikel kaufen (Mountain Equipment Coop, 1009 – 4th Avenue S.W., Calgary; 428 West 8th Avenue, Vancouver).
Preisgünstig kann man in Läden einkaufen, wo man das Schild »sale« sieht; vor allem Kleidung gibt es dort billig.
Alkoholische Getränke erhält man ausschließlich in staatlichen Liquor Stores.

Elektrische Geräte

Die Stromspannung beträgt in Nordamerika 110 bis 115 Volt. Geräte müssen umschaltbar sein. Für den Stecker benötigt man zudem einen Adapter, den es vor Ort nur selten zu kaufen gibt.

Feiertage

Nationale Feiertage sind der 1. Januar (Neujahr), Karfreitag, Ostermontag, 21. Mai (Victoria Day), 1. Juli (Canada Day), 6. August (Civic Holiday), 3. September (Labour Day), 8. Oktober (Thanksgiving Day), 11. November (Remembrance Day), 25. Dezember (Weihnachten) und 26. Dezember (Boxing Day). Banken sind an diesen Tagen geschlossen, Geschäfte teilweise geöffnet.

Fotografieren

Filme sind in Kanada teurer als in der Bundesrepublik. Deshalb ausreichend Material mitnehmen. In den größeren Städten werden Negativfilme in Fachgeschäften innerhalb weniger Stunden entwickelt.

Geld

Die kanadische Währung gibt es in Noten von zwei, fünf, zehn, 20, 50 und 100 Dollar. Geldstücke sind ein Cent, fünf Cent (nickel), zehn Cent (dime), 25 Cent (quarter) und ein Dollar. Quarter sollte man stets in größerer Menge bei sich haben (Telefon, Automaten).
Reiseschecks, am besten in kanadischen Dollar, werden in Lokalen und Restaurants wie Bargeld angenommen. Zu empfehlen sind Kreditkarten. Sie erleichtern das Automieten und machen es möglich, unter Angabe der Kartennummer Hotels und Theater-/Konzertkarten telefonisch zu buchen. Verbreitet sind Mastercard, VISA und American Express.

Gesundheit

Kanada hat ein gut ausgebautes Gesundheitssystem, das eine ärztliche Versorgung auch in kleinen Orten sicherstellt. Die Kosten für eine medizinische Betreuung sind jedoch sehr hoch. Deshalb ist es ratsam, für die Dauer der Reise zu Hause eine private Krankenversicherung abzuschließen, die häufig im Paket mit Gepäckversicherungen angeboten wird.
Schwache Schmerzmittel werden in Drugstores oder sogar in Supermärkten verkauft.

Am Kootenay Lake: Fähren verbinden Balfour und Kootenay Bay

Ernstzunehmende Warnung: lästiger Bär

Im Juni und Juli können Mücken in vielen Landesteilen zur Plage werden. In allen Supermärkten bekommt man jedoch Mittel zum Einreiben, mit denen man sich die Insekten vom Leibe hält.

Klima und Kleidung

Die Abende können auch im Sommer kühl werden, eine am besten regendichte Jacke und ein Pullover gehören deshalb ins Gepäck. Die Tage sind im Mai und Juni häufig schon warm, die wärmsten Monate sind jedoch der Juli und August. Der September ähnelt dem Mai, im Oktober kann es besonders im Norden und im Gebirge bereits recht kühl werden. Wer im Winter ins kanadische Binnenland und in den Norden fährt, benötigt sehr warme Kleidung. An der Küste ist es stets mild, zwischen Oktober und April jedoch regnerisch.
Wanderungen führen in Kanada häufig durch unwegsames Gelände. Deshalb gute Wanderschuhe mitnehmen.
Mit Ausnahme von Spitzenrestaurants reicht in Lokalen und Hotels legere Freizeitkleidung aus.

Küche

Im Einwanderungsland Kanada ist eine Vielzahl ethnischer Küchen zu Hause. In den Großstädten sind asiatische Restaurants stark verbreitet, häufig findet man auch Lokale mit südeuropäischen und mexikanischen Speisen.

Kanadische Gerichte bestehen häufig aus gegrilltem Fleisch mit Pommes frites und Salat. Typisch nordamerikanisch ist ein sehr umfangreiches, warmes Frühstück, das bei Ernährungswissenschaftlern kaum Freunde fände: Bratkartoffeln (hash browns), Rührei (scrambled eggs) oder Spiegeleier (fried eggs), ferner eine Alternative aus gebratenem Schinkenspeck (bacon), Bratwurst (sausage) oder Schinken (ham), dazu Toast mit Marmelade oder Erdnußbutter. Beliebt sind auch Omelettes mit Bratkartoffeln und Toast. Am besten ißt man dieses Frühstück in kleinen Restaurants auf dem Lande, meist hält es bis zum Abendbrot vor.
In coffee-shops findet man zum Frühstück meist nur Backwaren. Muffins – kleine Kuchen in verschiedenen Geschmacksrichtungen – schmecken köstlich zum Kaffee und sind zudem eine leckere Zwischenmahlzeit.
Zum Fastfood à la McDonald's und Burger King gibt es in Kanada durchaus Alternativen, schwer haben es aber Vegetarier: Fleischlose und vollwertige Gerichte findet man nur in wenigen Restaurants in den Großstädten. Beliebt sind in Nordamerika allerdings die Salatbuffets, an denen man für wenige Dollar Vitamine tanken kann.
In den meisten Restaurants werden Gäste zu den Tischen geleitet, Schilder mit der Aufschrift »Please wait to be seated« weisen darauf hin. Häufig hat man die Wahl zwischen Bereichen für Raucher und Nichtraucher.
Viele Lokale servieren kostenlos Wasser. Wer zum Essen oder danach Kaffee trinkt, bekommt üblicherweise immer wieder nachgeschenkt, ohne für diese sogenannten refills zahlen zu müssen.
Wenn man nach dem Essen keine neue Bestellung aufgibt, erhält man automatisch die Rechnung. Dies sollte nicht als Aufforderung verstanden werden, das Lokal zu verlassen, sondern ist ein Service für Nordamerikaner, die ungern lange warten.
Ungewohnt ist auch das Bemühen des Personals um die Gäste. Dahinter steht die Abhängigkeit der Kellnerinnen und Kellner vom Trinkgeld, denn die Bezahlung ist in Restaurants meist ausgesprochen schlecht.
Den Rechnungsbetrag hinterläßt man – einschließlich des Trinkgeldes von 15 Prozent – mit der Rechnung auf dem Tisch. Falls am Ausgang an einer Kasse bezahlt wird, bleibt nur das Trinkgeld liegen.

Literatur

Mary und David Macaree, 103 Hikes in Southwestern British Columbia: ein detaillierter Wanderführer mit exakten Routenbeschreibungen. Tim Leadem, The West Coast Trail and Nitinat Lakes: wichtiges Handbuch für Wanderer, die diesen Wildniswanderweg gehen wollen. R. E. Wells, A Guide to Shipwrecks along the West Coast Trail: Ein Büchlein über Schiffbrüche an der südwestlichen Küste von Vancouver Island.
Terry Reksten, More English than the English, A very Social History of Victoria: detailreiches und unterhaltsames Buch über die Geschichte von British Columbias Hauptstadt und gleichzeitig ein informativer Stadtführer. Emily Carr, The Book of Small; The House of All Sorts; The Heart of a Peacock; Hundreds and Thousands: unterhaltsame Bücher der bekannten Malerin und Schriftstellerin über ihre viktorianische Familie, die Gesellschaft von Victoria zu Beginn des 20. Jahrhunderts und Vancouver Island.

Lebensmittel und andere Ausrüstung werden an Gerüsten vor Bären geschützt

Kanufahrer in den Broken Islands vor der Westküste von Vancouver Island

Sid Marty, A Grand and Fabulous Notion, The First Century of Canada's Parks: Dieses Buch behandelt die Gründung des ersten kanadischen Nationalparks in Banff und die Entstehung des heutigen Systems von Naturschutz- und Erholungsregionen.
Marjorie M. Halpin, Totem Poles, An Illustrated Guide: gute Einführung in die Geschichte, Rolle und Kunst indianischer Totempfähle.

Maße, Gewichte

In Kanada rechnet man nach dem metrischen System. Viele ältere Kanadier denken aber noch in alten Maßen, die zudem auch in den USA gelten.
Längenmaße: inch (2,54 Zentimeter), foot (30,48 Zentimeter), yard (91,44 Zentimeter), mile (1,61 Kilometer).
Flüssigkeitsmaße: imperial quart (1,136 Liter), gallon (4,456 Liter).
Gewichte: ounce (28,35 Gramm), pound (16 ounces, 453,60 Gramm).
Geschwindigkeit: 10 mph (miles per hour, 16 Stundenkilometer).
Temperatur: Celsius = Fahrenheit – 32 x $^5/_9$; Fahrenheit = Celsius x $^9/_5$ + 32.

Medien

Die Canadian Broadcasting Corporation (CBC) ist Kanadas einziger öffentlich-rechtlicher Sender, der ein landesweites Programm ausstrahlt. Internationale Themen werden im Fernsehen ausführlich in der Nachrichtensendung um 22 Uhr behandelt. Das CBC-Radio hat stündliche Nachrichten. Private Stationen sind überwiegend Musiksender. Regionale Zeitungen (Vancouver Sun, Calgary Herald) konzentrieren sich auf örtliche Themen. The Globe and Mail berichtet fundiert über kanadische und internationale Ereignisse.
In einigen Städten weisen Programmzeitungen auf Veranstaltungen hin (s. die jeweiligen Reise-Infos).

Post, Telefon

Briefe sind von Kanada nach Deutschland meist sieben bis zehn Tage unterwegs. Briefmarken erhält man auch in vielen Geschäften, die Postkarten verkaufen.
Telefonnummern sind in den Infoseiten mit der jeweiligen Vorwahl angegeben (604 für B. C., 403 für Alberta und den Yukon, 206 für den US-Bundesstaat Washington). Bei Ferngesprächen innerhalb der jeweiligen Staaten ersetzt man die Vorwahl durch die 1, danach die siebenstellige Nummer. Bei Anrufen in einen anderen Staat zunächst die 1, dann die Vorwahl, dann die jeweilige Anschlußnummer.
Telefongespräche von der Bundesrepublik nach Nordamerika: 0 01, dann die Vorwahl und Nummer des Anschlusses. Gespräche von Kanada in die Bundesrepublik: 0 11 49, dann die Vorwahl ohne die erste 0, dann der Anschluß. Wer den Gesprächspartner in Deutschland für den Anruf bezahlen lassen möchte (collect call), wählt kostenlos die Nummer 1-800-465-0049 in Frankfurt an und läßt sich mit dem gewünschten Anschluß verbinden. Vom Nordwesten der USA muß die AT&T-Nummer 1-800-292-0049 gewählt werden.
Bei Ferngesprächen innerhalb Kanadas und ins Ausland schaltet sich nach dem Wählen der Operator ein und teilt die Höhe eines Betrages mit, den man in den Telefonapparat stecken muß (bei Gesprächen in die Bundesrepublik bis zu acht Dollar in quartern). Inzwischen gibt es aber auch Telefone, von denen aus man weniger umständlich mit Kreditkarten telefonieren kann. Hotels erheben häufig einen Zuschlag auf die Gebühr.
Viele Firmen (wie Fluggesellschaften und Autovermieter) haben eine kostenlose 1-800-Nummer. Der vor dem Wählen im Telefon deponierte quarter wird in diesen Fällen wieder ausgezahlt.

Sicherheit

Was die Kriminalität betrifft, ist Kanada ein sicheres Land. Auch Frauen können ohne Bedenken allein reisen, sollten jedoch nicht per Anhalter fahren.
Gefahren drohen unerfahrenen Reisenden jedoch in der Wildnis. Selbst in der Umgebung von Vancouver verlieren in der kalten Jahreszeit immer wieder Wanderer ihr Leben, weil sie die Natur falsch einschätzen.
Wer eine Tages- oder längere Wanderung unternimmt, sollte sich bei Bekannten, in Lokalen oder (auch telefonisch) bei Rangern der National- und

Viele Straßen tragen Namen – der Yellowhead Highway ist nach einem Trapper benannt

Provinzparks abmelden und die Strecke sowie voraussichtliche Dauer der Wanderung angeben. Wichtig: nach der Ankunft zurückmelden!
Gefahren drohen bei falschem Verhalten auch von putzig aussehenden, jedoch ernst zu nehmenden Bären. In den Parks verteilen Ranger Broschüren mit dem Titel »You are in bear country«. Wer wild zeltet, sollte Lebensmittel und Abfall auch nachts nie im Zelt lagern, sondern an einem weit von einem Baum ragenden Ast mindestens drei Meter hoch aufhängen. Sinnvoll ist bei Wanderungen zudem eine Glocke am Rucksack, deren Klang Bären schon von weitem warnt.
Wer einen Waldbrand entdeckt, sollte vom nächsten Telefon aus Alarm schlagen: Rufnummer 0, nach Zenith 5555 verlangen.

Sport

Wandern: Wanderungen bieten die beste Möglichkeit, mit der Natur in Kontakt zu kommen. Gekennzeichnete Wanderwege gibt es in allen Landesteilen, Informationen und Karten erhält man in den entsprechenden Provinz- und Nationalparks oder den örtlichen Touristikbüros. Wichtig ist es, auch bei Tagestouren regenfeste Kleidung und einige Lebensmittel mitzunehmen, um sich bei einem Unfall für eine Weile selbst helfen zu können (s. a. Sicherheit, Literatur). Info: Outdoor Recreation Council, 1200 Hornby St., Vancouver, B. C. V6Z 2E2.

Wassersport: Die Küste und die Seen im Binnenland sind ideal für Wassersport, besonders für Segel- und Kanu-/Kajaktouren. Mehrtägige Kajakfahrten in verschiedenen Küstenregionen bietet u. a. an: Ecosummer Expeditions, 1516 Duranleau St., Vancouver, B. C. V6H 3S4, Tel. (6 04) 6 69-7741, FAX (6 04) 6 69-32 44. Kajakvermietung auf Vancouver Island von Bord des Schiffes Lady Rose (s. Kap. 4, Reise-Info).

Wintersport: Die Rocky Mountains und die Küstenberge bieten zwischen November und Ende April ideale Bedingungen für Abfahrts- und Langlauf. Zentren sind Banff, Jasper und Lake Louise in den Rockies sowie Whistler in den Küstenbergen. Reizvoll für Abfahrtsläufer ist die Piste auf dem Grouse Mountain in North Vancouver mit Blick auf die Stadt. Auf Vancouvers Hausberg kann man bis Mitternacht unter Flutlicht fahren.
Verschiedene Reiseveranstalter in Deutschland haben Pauschalreisen in die Rocky Mountains und die Küstenberge im Programm, so Club Stumböck, Pfandlstraße 6, 8200 Rosenheim, Tel. (0 80 31) 8 23 33, und Nova-Reisen, Herzog-Wilhelm-Straße 1, 8000 München 2, Tel. (0 89) 2 37 08 - 0. Über weitere Angebote informiert das kanadische Konsulat in Düsseldorf.

Beliebt bei Betuchten: Nummernschild nach eigenem Geschmack

Sprache

Kanada ist offiziell zweisprachig englisch/französisch. In Behörden und auf manchen Straßenschildern findet man deshalb Hinweise in beiden Sprachen. In Kanadas Westen wird jedoch allgemein ein recht deutliches Englisch gesprochen. Kanadier sind gegenüber Besuchern sehr rücksichtsvoll, hören geduldig zu und verzeihen Fehler gern. Anders als in den USA orientiert sich die Schriftsprache in Kanada noch am britischen Englisch.

Trinkgeld

In Restaurants und Kneipen sind zehn bis 15 Prozent des Rechnungsbetrages als Trinkgeld üblich. Einen tip erwarten auch Taxifahrer, Gepäckträger und das Hotelpersonal. Bei deren Dienstleistungen sind in der Regel ein bis zwei Dollar angemessen.

Unterkunft

Bei der Fülle von Angeboten bereitet es keine Schwierigkeiten, eine geeignete Unterkunft zu finden. Hotels, Motels und einige Campingplätze werden in Unterkunftsverzeichnissen aufgeführt, die das kanadische Konsulat und alle Touristikbüros vor Ort bereithalten: British Columbia Accomodation Guide und Alberta Accomodation Guide.

Motels liegen meist an Ausfallstraßen von Städten. Sie unterscheiden sich wenig in ihrer Einrichtung, überall hat man breite und meist gute Betten, einen Fernseher und ein eigenes Badezimmer mit Handtüchern. Wer ein Motel oder Hotel in der preisgünstigen Kategorie zwischen 30 und 40 Dollar wählt, muß jedoch häufig Abstriche bei der Sauberkeit machen; wirklich schmutzig sind die Räume nie. Zimmer mit zwei Einzelbetten sind in der Regel teurer als mit einem Doppelbett. Zimmerpreise schließen das Frühstück nicht ein.

Recht neu ist das Angebot an **Bed and Breakfast** Unterkünften. Informationen bei British Columbia Bed and Breakfast Association, Box 593, 810 West Broadway, Vancouver, B. C. V5Z 4E2.

In großen Städten bietet der Christliche Verein junger Menschen preisgünstige Einzel- und Doppelzimmer: **YMCA** für Männer und häufig auch für Frauen, **YWCA** meist nur für Frauen.

Jugendherbergen liegen meist in landschaftlich schönen Regionen. Wer dort übernachten will, muß Mitglied des Internationalen Jugendherbergsverbandes sein, es gibt keine Altersbegrenzung. Information: Deutscher Jugendherbergsverband, Bismarckstraße 8, Postfach 220, 4930 Detmold, Tel. (0 52 31) 74 01-0.

Eine Vielzahl privat betriebener und öffentlicher **Campingplätze** ermöglichen es, naturnah in Zelten oder Wohnmobilen zu übernachten. Viele Provinz- und Nationalparks haben Campingplätze. Die Stellplätze sind meist durch Bäume und Büsche abgetrennt und mit Sitzbänken und Feuerstellen ausgestattet. Die Parks nehmen keine Reservierungen entgegen, deshalb in der Hauptsaison spätestens am frühen Nachmittag ankommen.

Veranstaltungen

Alberta: Juni bis August: Banff Festival of the Arts mit über 1000 Künstlern. Anfang Juli: Calgary Stampede (größtes Rodeo Nordamerikas). Mitte Juli: Klondike Days and Exhibition in Edmonton (Fest mit Kostümen und Veranstaltungen aus der Zeit des Goldrausches).

British Columbia: Ende Juni: Du Maurier International Jazz Festival in Vancouver. Ende Juni/Anfang Juli: Williams Lake Stampede (großes Rodeo in Williams Lake). Ende Juli: Great International Bathtub Race von Nanaimo nach Vancouver (Rennen mit badewannenähnlichen Booten im Rahmen des Vancouver Sea Festival). Ende September/Anfang Oktober: Okanagan Wine Fest.

Yukon: Ende Februar/Anfang März: Yukon Quest (Hundeschlittenrennen zwischen Fairbanks/Alaska und Whitehorse/Yukon. Anfang Juli: Yukon Gold Panning Championship in Dawson City (Wettbewerb im Goldwaschen). Mitte August: Discovery Days in Dawson City (Fest mit Wettbewerben in Erinnerung an den ersten Goldfund am Klondike am 17. Juli 1896).

Verkehrsmittel

Auto: Wegen der Weitläufigkeit des Landes und der häufig abseits liegenden Naturschönheiten bietet es sich an,

Pfadsuche im Mount Robson Provincial Park

den Westen Kanadas mit dem Auto zu bereisen. Der nationale Führerschein genügt. Wer keine Kreditkarte hat, muß eine Kaution von mehreren hundert Dollar hinterlegen. Die meisten Autos haben Automatikgetriebe. Nicht alle Vermieter erlauben Fahrten ins Yukon Territory und nach Alaska.
Kanadier fahren in der Regel gelassen und rücksichtsvoll. Die Straßen sind überwiegend gut ausgebaut, allerdings muß man im Norden mit Schotter rechnen. Tagesetappen sollten 300 bis 400 Kilometer nicht überschreiten.
An allen Zielflughäfen sind die großen Autovermieter Avis, Budget, Hertz und Tilden (Europcar) vertreten. Die Wagen sollte man bereits zu Hause buchen. Günstiger fährt man mit örtlichen Vermietern (in Vancouver: Best Buy Car & Truck Rentals, 1020 Hornby St., Vancouver, B.C. V6Z 1V6, Tel. (6 04) 6 81-22 77; ABC Rent-a-Car am Flughafen, Tel. (6 04) 2 76-01 08).
Autovermieter in Kanada geben in der Regel nur bis zu 1500 freie Kilometer/Woche und kassieren für jeden zusätzlich gefahrenen Kilometer. Deshalb kann es günstiger sein, nach Seattle zu fliegen und dort für einen ähnlichen Preis ein Auto mit unbegrenzten Freikilometern zu mieten. Von Seattle fährt man etwa drei Stunden bis Vancouver.
Wohnmobile können eine sinnvolle Alternative zu PKW sein. Reisebüros halten verschiedene Angebote bereit, darunter C. C. Canada Camper, 1080 Millcarch St., Richmond, B.C., V6H 2H4, und Cruise Canada Motorhome Rentals, 2980, 26th St. NE, Calgary, Alberta, T1Y 6R7.
Die Mietpreise schließen eine Haftpflichtversicherung ein. Zusätzliche Sicherheit bietet für etwa zehn Dollar täglich eine Vollkaskoversicherung (CAD-weaver); besonders wichtig im US-Bundesstaat Washington, da dort nicht alle Autos versichert sind.
Verkehrsregeln: Die Höchstgeschwindigkeit ist innerhalb von Ortschaften auf 50, außerhalb bei Hauptstraßen auf 100, bei Landstraßen auf 80 Stundenkilometer begrenzt, Ausnahmen sind ausgeschildert. Alle Insassen müssen angeschnallt sein. Kinder mit einem Gewicht unter 18 Kilogramm müssen in speziellen Sitzen festgeschnallt werden. Das Alkohol-Limit liegt bei 0,8 Promille.
Hinweisschilder auf Geschwindigkeitsbegrenzungen und Kurven sollten unbedingt beachtet werden. Geschwindigkeitsbegrenzungen, beispielsweise vor Kurven, werden nicht durch Schilder aufgehoben. Haltende Schulbusse mit angeschalteter Warnblinkanlage dürfen in beiden Richtungen nicht passiert werden.
Rote Blinklichter haben die Bedeutung von Stoppschildern, blinkende gelbe Lichter bedeuten »Vorfahrt achten«. Ampeln, die von Fußgängern bedient werden können, haben ein grünes Blinklicht. An roten Ampeln kann man nach rechts abbiegen, wenn die Querstraße frei ist (zuvor anhalten). Beim Abbiegen in eine mehrspurige Straße immer auf die nächstgelegene Fahrbahn abbiegen. Wo Bordsteinkanten in Städten gelb oder rot markiert sind, darf nicht geparkt werden. Abstand von Hydranten mindestens fünf, von Kreuzungen sechs Meter.

Bus: Greyhound-Busse und Busse örtlicher Unternehmen verbinden die meisten Orte miteinander. Plätze müssen nicht vorgebucht werden. Bei langen Fahrten wird alle paar Stunden an Raststätten gehalten. Die Busbahnhöfe liegen in der Regel in den Innenstädten.
Greyhound bietet Buspässe mit einer Gültigkeit von sieben bis 30 Tagen für unbegrenztes Reisen an, die in der Bundesrepublik gekauft werden müssen. Sie gelten für Kanada und die USA.

Fahrrad: Obwohl große Entfernungen und erhebliche Höhenunterschiede überwunden werden müssen, ist der Westen Kanadas gut geeignet für Radtouren. Fahrräder werden in Flugzeugen von Europa als eines von zwei erlaubten Gepäckstücken kostenlos transportiert (bei Buchung anmelden).

Flugzeug: Der Westen Kanadas verfügt über ein dichtes Netz von Flugverbindungen. Die größten Anbieter sind Canadian Airlines mit der angeschlossenen Timeair und Air Canada mit der Tochter Air B.C. Kleinere Gesellschaften fliegen auch in abgelegene Orte, teilweise mit Wasserflugzeugen; Information in kanadischen Reisebüros.
Kombination von Flug und Bahn, s. Zug.

Schiff: Ständig verkehrende Fähren verbinden das kanadische Festland mit Vancouver Island, den Gulf Islands und den Queen Charlotte Islands sowie Vancouver Island mit den USA (s. Reise-Infos).
Eine der schönsten Fährpassagen ist die Fahrt durch die Inside Passage, die Inselwelt südlich von Prince Rupert an der Westküste und weiter nach Juneau in Alaska. Autofähre von Bellingham (US-Bundesstaat Washington) über Port Hardy (Vancouver Island) und Prince Rupert nach Juneau (Alaska): Alaska Marine Highway, P.O. Box R, Juneau, AK 99811, USA, Tel. (907) 465-3941, FAX (907) 465-2476. Autofähre der B.C. Ferries von Prince Rupert nach Port Hardy: B.C. Ferry Corporation, 1112 Fort St., Victoria, B.C. V8V 4V2, Tel. (604) 386-3431, FAX (604) 381-5452.
Alle Fahrten mit Autofähren über Seen und Flüsse in British Columbia und Albertas sind kostenlos.

Zug: Tägliche Zugverbindung mit VIA-Rail von Vancouver über Jasper und Edmonton in den Osten Kanadas sowie von Jasper nach Prince Rupert (Tel. 1-800-665-8630, kostenlos in Kanada). Auskünfte und Fahrkarten in Deutschland bei Canada Reise Dienst International GmbH, Tel. 04102/51167 oder 57479. B.C. Rail unterhält eine tägliche Verbindung zwischen Vancouver und Prince George (s. dort).
Mit dem Skyrail-Pass von VIA-Rail und Canadian Airlines lassen sich Bahn und Flug kombinieren. Am günstigsten bei Anreise mit Canadian Airlines, Auskunft im Reisebüro.
Auf der ehemaligen VIA-Rail-Strecke von Vancouver über Banff nach Calgary sowie über Kamloops nach Jasper verkehrt im Sommer dreimal wöchentlich ein luxuriöser Zug der Great Canadian Railtour Company. Die Rocky Mountaineer Railtours-Züge fahren – anders als der VIA-Rail-Zug über Jasper – tagsüber durch die Rocky Mountains und das Binnenland. Frühzeitige Buchungen bei der Great Canadian Railtour Co., 104 – 340 Brooksbank Avenue, North Vancouver, B.C. V7J 2C1, Tel. (604) 984-3315, FAX (604) 984-2883.

Zeit

Alberta liegt in der Mountain Time Zone (minus acht Stunden gegenüber MEZ), British Columbia und der Yukon befinden sich in der Pacific Time Zone (minus neun Stunden).

Register

Seitenzahlen, die auf Infoseiten hinweisen, sind **fett** gedruckt. Die Koordinaten in Klammern beziehen sich auf die Karten S. 103 (Übersicht, s. **Ü**) und 104/105.

Bereits erschienen

1 Türkei – Südküste
2 Kalifornien
3 Tunesien
4 Thailand
5 New York
6 Türkei – Ägäisküste · Istanbul
7 Island
8 Marokko
9 Karibik
10 Hongkong
11 Florida
12 Bali · Lombok · Java
13 Kanadas Westen

In Vorbereitung

14 Moskau
15 Kenia
16 Ägypten

Titelbild: Icefields Parkway in den Rocky Mountains

Impressum

Alsterufer 4, Postfach 30 06 60,
2000 Hamburg 36,
Telefon 040/41 51 - 850,
Telefax 040/41 51 - 32 31.
Geschäftsführer:
Kurt Bortz, Dr. Joachim Dreyer, Eike Schmidt

Redaktion und Produktion:
Harksheider Verlagsgesellschaft mbH,
Fabersweg 1, Postfach 52 49,
2000 Norderstedt,
Telefon 040/52 88 62 - 0,
Telefax 040/5 23 40 56
Redaktion:
Ulrike Klugmann (verantwortlich)
Text und Redaktion: Siebo Heinken, Hamburg
Fotografie: Thomas P. Widmann, Regensburg
Zusätzliches Fotomaterial: S. Heinken (S. 9 u. l., S. 31 m. l., S. 38 u., S. 41 u. l., S. 67 o., S. 80/81 o.); Agentur Silvestris (S. 40/41 o.)

Grafische Gestaltung:
Gerhard Keim, Frankfurt/Main
Kartografie: Studio für Landkartentechnik, Norderstedt
Alle Angaben im Reiseteil ohne Gewähr.
Nachdruck, auch auszugsweise, nur mit ausdrücklicher Genehmigung des Verlages.
Erscheinungsweise: zweimonatlich

Vertrieb Zeitschriftenhandel:
PARTNER PRESSE VERTRIEB GMBH
Widmaierstraße 110, 7000 Stuttgart 80,
Telefax 07 11/7 28 84 10, Telex 7 255 949
Vertrieb Abonnement und Einzelhefte:
ZENIT PRESSEVERTRIEB GMBH,
Widmaierstraße 110, 7000 Stuttgart 80,
Telefon 07 11/7 20 05 - 97,
Telefax 07 11/7 28 84 10, Telex 7 255 949
Vertrieb Buchhandel:
GeoCenter Verlagsvertrieb GmbH,
Neumarkter Straße 18, 8000 München 80,
Telefon 089/43 18 90,
Telefax 089/4 31 28 37, Telex 5 23 259
Anzeigenalleinverkauf:
KV Kommunalverlag GmbH,
Arabellastraße 4/XII, Postfach 81 05 65,
8000 München 81,
Telefon 089/92 80 96 - 0,
Telefax 089/92 80 96 - 20,
Teletex 17898397 komver
Satz: Lübecker Fotosatz GmbH, Lübeck
Reproduktionen:
Otterbach Repro GmbH & Co., Rastatt
Druck und buchbinderische Verarbeitung:
KLETT DRUCK H. S. GmbH, Korb
Printed in Germany
ISBN 3-616-06413-9